Florian Juterschnig

Landser im Weltkrieg 13

Rheinübung – Triumph und Untergang des Schlachtschiffs Bismarck

EK-2 Militär

ÜBER DIE REIHE

LANDSER IM WELTKRIEG

Jeder Band dieser Romanreihe erzählt eine fiktionale Geschichte, die vor dem Hintergrund realer Ereignisse und Schlachten im Zweiten Weltkrieg spielt. Im Zentrum der Geschichte steht das Schicksal deutscher Soldaten.

Wir lehnen Krieg und Gewalt ab. Kriege im Allgemeinen und der Zweite Weltkrieg im Besonderen haben unsägliches Leid über Millionen von Menschen gebracht.

Deutsche Soldaten beteiligten sich im Zweiten Weltkrieg an fürchterlichen Verbrechen. Deutsche Soldaten waren aber auch Opfer und Leittragende dieses Konfliktes. Längst nicht jeder ist als glühender Nationalsozialist und Anhänger des Hitler-Regimes in den Kampf gezogen – im Gegenteil hätten Millionen von Deutschen gerne auf die Entbehrungen, den Hunger, die Angst und die seelischen und körperlichen Wunden verzichtet. Sie wünschten sich ein »normales« Leben, einen zivilen Beruf, eine Familie, statt an den Kriegsfronten ums Überleben kämpfen zu müssen. Die Grenzerfahrung des Krieges war für die Erlebnisgeneration epochal und letztlich zog die Mehrheit ihre Motivation aus dem Glauben, durch ihren Einsatz Freunde, Familie und Heimat zu schützen.

Prof. Dr. Sönke Neitzel bescheinigt den deutschen Streitkräften in seinem Buch »Deutsche Krieger« einen bemerkenswerten Zusammenhalt, der bis zum Untergang 1945 weitgehend aufrechterhalten werden konnte. Anhänger des Regimes als auch politisch Indifferente und Gegner der NS-Politik wurden im Kampf zu Schicksalsgemeinschaften zusammengeschweißt.

Genau diese Schicksalsgemeinschaften nimmt »Landser im Weltkrieg« in den Blick.

Bei den Romanen aus dieser Reihe handelt es sich um gut recherchierte Werke der Unterhaltungsliteratur, mit denen wir uns der Lebenswirklichkeit des Landsers an der Front annähern. Auf diese Weise gelingt es uns hoffentlich, die Weltkriegsgeneration besser zu verstehen und aus ihren Fehlern, aber auch aus ihrer Erfahrung zu lernen.

Nun wünschen wir Ihnen viel Lesevergnügen mit dem vorliegenden Werk.

Ihre Zufriedenheit ist unser Ziel!

Liebe Leser, liebe Leserinnen,

zunächst möchten wir uns herzlich bei Ihnen dafür bedanken, dass Sie dieses Buch erworben haben. Wir sind ein kleines Familienunternehmen aus Duisburg und freuen uns riesig über jeden einzelnen Verkauf!

Unser wichtigstes Anliegen ist es, Ihnen ein angenehmes Leseerlebnis zu bieten.

Damit uns dies gelingt, sind wir sehr an Ihrer Meinung interessiert. Haben Sie Anregungen für uns? Verbesserungsvorschläge? Kritik?

Schreiben Sie uns gerne: info@ek2-publishing.com

Nun wünschen wir Ihnen ein angenehmes Lese-erlebnis!

Heiko und Jill von EK-2 Militär

RHEINÜBUNG

Prolog

Der Liberty-Frachter *Prick* schaukelte bedrohlich auf den hohen Wellen, während die eisige Nacht den Atlantik in Finsternis hüllte. Der Himmel war von dichten Wolken verhangen, und nur der fahle Glanz des Mondes durchdrang das allgemeine Dunkel. Die Matrosen Jack und Jil standen an Deck, ihre Blicke suchten den nächtlichen Himmel und die See nach irgendwelchen Anzeichen von Gefahr ab.
Die Kälte kroch unerbittlich auch durch die wärmste Kleidung und fror ihre Atemwolken zu eisigen Nebelschwaden. Ein unheimliches Schweigen lastete über dem Schiff, als ob das Meer selbst den Atem anhielt, um auf etwas zu lauern, das in den Tiefen lag. Die Sterne funkelten immerhin freundlich am Firmament.

Plötzlich erstarrten die Matrosen in ihren Bewegungen, als ob ein unsichtbares Unheil über das Deck schlich. Ein schauderhafter Hauch des Unbekannten huschte durch die Nachtluft, und die dunklen Wellen schienen plötzlich lebendig zu werden. Die Männer tauschten beunruhigte Blicke aus, während ihre Gedanken von einem unnatürlichen Grauen umhüllt wurden. Jil hatte schon die Alarmglocke im Blick.
Aus der Ferne erklang ein leises, unheilvolles Wispern, das durch die eisige Brise getragen wurde. Es war, als ob die Stimmen der schon Ertrunkenen aus den Tiefen emporstiegen und in den Köpfen der Matrosen hallten. Ein Schauer lief ihnen über den Rücken, und die Dunkelheit schien sich zu verdichten, während das unheimliche Geflüster allmählich zu einem schrecklichen Brummen anschwoll.

Plötzlich durchbrach ein dumpfer Schlag die Stille, gefolgt von einem schrillen Aufschrei, der in der finsteren Nacht verhallte. Die Männer wirbelten herum, doch ihre Augen konnten nichts in der Dunkelheit erkennen. Die Unruhe griff um sich, als sich ein eisiger Nebel über das Deck legte, die Gestalt eines schattenhaften Ungetüms schien aus den Tiefen des Meeres aufzutauchen.

Plötzlich materialisierte sich aus der Dunkelheit eine Schattenfigur, grotesk und unheimlich. Ein monströses blechernes Ungetüm von unvorstellbarer Größe, dessen Körper aus den eisigen Fluten zu bestehen schien. Der Anblick verschlug den Matrosen den Atem, während die schwarze Gestalt langsam näher kam, von einem unnatürlichen Glühen umgeben.

Ein markerschütternder Schrei entfuhr den Kehlen der Männer, als sie erkannten, wem sie gegenüberstanden. Das Ungetüm schien aus einer anderen Welt zu stammen, seine Konturen flackernd und verschwommen und doch hatte es einen sehr realen Hintergrund. In einer Feuerbrunst und grellen Lichtblitzen explodierte das Schiff schließlich. Die Nacht verschlang die Überreste des britischen Handelsschiffs. Zurück blieb nur eine unheimliche Stille.

Dunkelheit umhüllte das Schlachtschiff *Gneisenau* wie ein undurchdringlicher Mantel, während sie wenig später fast lautlos durch die finstere Nacht davon glitt. Der Ozean lag nun wieder still und ruhig da, als wäre er selbst von der Anwesenheit des Schiffes eingeschüchtert worden. Die einzigen Geräusche waren das sanfte Rauschen der Wellen, die gegen den Rumpf klatschten, und das leise Zischen des Windes, der durch die Segel strich. Es war nicht besonders kalt in diesen April-Tagen. Bei Windstille konnte man sogar in Ärmel kurz herumlaufen.

Der Kommandant, Kapitän zur See Otto Fein, ein erfahrener Seemann mit einem harten Blick, stand auf der Brücke neben dem Steuermann und starrte hinaus in die Dunkelheit. Seine Augen durchbohrten die Nacht, als versuchten sie, jedes Geheimnis, das sich im Schatten verbarg, zu ergründen.

Plötzlich wurde die Stille zerrissen, als ein fernes Geräusch den Himmel durchdrang. Ein leises Grollen, gefolgt von einem schwachen Lichtblitz am Horizont war zu vernehmen. Der Kommandant zog die Augenbrauen zusammen und wandte sich an den Navigationsoffizier.
"Was zum Teufel war das, Leutnant?"

Der junge Offizier starrte auf die Karte vor sich und antwortete mit einer Stimme, die vor Unsicherheit bebte: "Unser Ausguck melden feindliche Präsenz in der Nähe. Es scheint, als hätten wir Gesellschaft."

Der Kommandant ballte die Fäuste und starrte wieder hinaus in die Dunkelheit. Die Kälte des Ozeans schien in seine Seele einzudringen, als er die ungewisse Gefahr erkannte, die auf sie zukam. Ein kalter Schweiß trat auf seine Stirn, während er die Befehle an die Besatzung durchspielte.

"Das habe ich mir schon gedacht. Das Schiff muss zurückgefallen sein. Verdammt! Alle Mann auf Gefechtsstationen! Äußerste Fahrt. Klarschiff zum Gefecht!"

Die Mannschaft beeilte sich, die Kanonen vorzubereiten und alles in Bewegung zu setzen. Das Kriegsschiff beschleunigte, seine Silhouette verschmolz mit der Dunkelheit, als es Kurs auf den Feind nahm. Die Nacht wurde von einem fahlen Licht erleuchtet, als sich die Umrisse feindlicher Zerstörer am Horizont abzeichneten. Hinter den Zerstörern zeichnete sich eine monoton dahin schippernde, endlose Kolonne an Frachtschiffen ab. Die folgliche Spannung an Bord war für jedermann greifbar. Unbeirrt hielt die *Gneisenau* auf die feindliche Linie zu, zur Hören nur das Motorengedröhn. Erste kleine Blitze stiegen am Horizont auf, die Wachschiffe begannen Leuchtraketen abzufeuern, um den Konvoi zu warnen.

Die *Gneisenau* war nun in voller Fahrt und pflügte weiter durch die Wellen. Das Schiff bebte als der vorderste Turm eine erste Salve in die Linie die Geleitsicherung abgab. Nur knapp neben ihnen stieg eine gewaltige Fontäne aus dem Wasser. In ihrer Verzweiflung hielten fünf Zerstörer nun tatsächlich auf das deutsche Schlachtschiff zu.

„Sind die wahnsinnig?"

„Die wollen wohl die Distanz verringern. So blöd ist das gar nicht."

„Wollen die uns rammen. Ja spinnen die? Beidrehen!"

Die Distanz zu den Zerstörern, verringerte sich weitere und schon knallte das bunte Feuer von Geschossen in die Richtung des deutschen Riesen.

Eine Alarmsirene schrillte los und das Schiff fuhr eine derart harte Linkskurve, dass wohl nicht nur die Mannschaft auf der Brücke fast zu Boden ging.

„Was soll denn das! Feuer! Feuer!"

Eine gewaltige Detonation erfüllte das Schiff, als nun alle Geschütze gleichzeitig losbrüllten und die lebensmüden britischen Nussschalen genau in die einschlagende Salve liefen. Ein bedrohlicher Feuerzauber zuckte über den Ozean und zwei der anlaufenden Schiffe wurden schwer getroffen und hielten an.

Kapitän Fein versuchte in der Dunkelheit verzweifelt etwas zu erspähen.

„Herr Kapitän. Die Zerstörer haben angehalten. Der Konvoi zieht sich zurück. Allerdings in nahezu alle Richtung."

Fein sank zusammen. „Oh, was für ein Mist … Sie haben die Auflösung des Konvois verfügt. Leichte Beute für die U-Boote, wenn welche da wären. Aber nicht für uns. Wir können uns nicht zerteilen. Die haben uns abgelenkt mit ihrem kleinen Selbstmordkommando!"

Das einzige Licht, das nun den endlosen Ozean durchdrang, war der silberne Schein des Mondes, der auf den Wellen tanzte. An Bord herrschte eine gespannte Stille, nur das sanfte Rauschen des Meeres und das rhythmisches Brummen der Motoren waren noch zu hören. Resignation griff um sich.

"Feindlicher Bomber gesichtet, zwölf Uhr!" schrie plötzlich der Ausguck von hoch oben im Mast.

Ein dumpfes Brummen drang durch die Nacht, gefolgt von einem Schatten, der sich bedrohlich schnell näherte. Der feindliche Bomber, von einem kalten Mondlicht umrissen, schwebte wie ein gefährlicher Geier über dem Kriegsschiff. Das Surren der Motoren wurde immer lauter, während die Besatzung mehr oder minder in Panik verfiel.

Fein biss die Zähne zusammen, als er den Torpedo unter dem feindlichen Bomber hervorschießen sah. Der Lautsprecher krächzte, und die Stimme des Funkoffiziers drang durch die Nacht. "Torpedo im Anflug, Ausweichmanöver sofort!"

Das Schiff neigte sich fast vornüber in einem verzweifelten Versuch, dem todbringenden Geschoss zu entkommen. Ein dumpfer Aufprall folgte, es erzitterte der Rumpf, gefolgt von einem ohrenbetäubenden Knall. Die *Gneisenau* wurde von einer schweren Explosion erschüttert, die das Schiff kräftig durchrüttelte. Rauch stieg auf, und Funken tanzten vor Fein in der Luft, während ihn eine Druckwelle langsam dem Boden zuführte.

Die Männer an Bord klammerten sich an Geländern fest, während das Schiff von den Wellen hin- und hergeworfen wurde. Alarmglocken heulten auf, und die Schreie der Verletzten waren mit einem Mal überall zu hören.

Die *Gneisenau* war schwer getroffen, aber sie sank nicht. Otto Fein erhob sich mit einiger Mühe wieder blickte entschlossen auf das Inferno, das sich vor ihm entfaltete und griff nach dem Funkgerät...

Dennoch konnte durch das Schwesterschiff *Scharnhorst* einige der Handelsschiffe versenkt werden, bis auch sie von einem britischen Schlachtschiff der Fernsicherung angedrängt wurde.

Der britischen Marineführung wurde vor Augen geführt, wie gefährlich die deutschen Groß-

kampfschiffe für die lebenswichtigen Konvois
werden konnten.

Roman

Admiral Günther Lütjens schlenderte am Hafen entlang, der Zweireiher im Wind flatternd, während er die imposanten Reihe an Kriegsschiffen betrachtete, die in einer beeindruckenden Formation vor Anker lagen. Die Sonne spiegelte sich auf dem unruhigen Wasser des Hafenbeckens, und das rhythmische Klatschen der Wellen vereint mit dem Anblick der schnittigen Zerstörer und mächtigen Schlachtschiffe, ließ etwas aufkommen, das der Laie wohl als typische Seeluft und Stimmung bei der Marine angenommen hätte.

Der Admiral dachte an die neue Stärke und Entschlossenheit, die diese Schiffe repräsentieren. Jedes Einzelne war ein Symbol für die maritime Macht und wieder aufgebaute Kampfbereitschaft des neuen Deutschlands.

Während er weiterging nickte er den Seeleuten zu, die an Deck arbeiten. Er erinnerte sich gerne an vergangene Einsätze und Operationen, bei denen diese Schiffe eine entscheidende Rolle spielten. Die Erinnerungen an die Meeresweiten, die sie durchkreuzt hatten, und die Herausforderungen, denen sie begegnet waren, durchzogen oft seine Gedanken. Der Hafen hier in Kiel war ein lebendiges Bild der Kriegsmarine, mit all seiner Stärke und der Verantwortung, die damit einherging. Der alte Admiral, stolz auf seine Flotte, setzte seinen Spaziergang fort.

Er beschloss noch einmal, das Deck eines gewissen alten Schiffes zu betreten, das als Wohnschiff für Kadetten diente und es auch zu seiner

Zeit als solches schon getan hatte. Die Planke knarrten unter seinen Stiefeln, als er über die Gangway ging und auf das Schiff trat. Der Duft von Salzwasser und Seeluft umgab ihn, während er durch schmale Gänge und steile Treppen immer tiefer ins Innere des Schiffes wandelte.

Im Inneren des Wohnschiffs herrschte eine besondere Atmosphäre. Die Holzvertäfelungen erzählten Geschichten von vergangenen Einsätzen und langen Seereisen. Überall waren Spuren vergangener Zeiten zu sehen – Fotos von Crewmitgliedern, verblasste Plakate von fernen Hafenstädten und sogar einige stolz ausgestellte Trophäen und Orden von erfolgreichen Wettbewerben und Missionen.

In den engen Kojen verbrachten die Seeleute ihre Ruhephasen, und in den Gemeinschaftsräumen teilten sie Mahlzeiten und Geschichten. Der Admiral passierte die diversen Besatzungsmitglieder, die in ihren Freizeiträumen lasen, Karten spielten oder persönliche Briefe schrieben. Die Atmosphäre war geprägt von einer Mischung aus Nostalgie und einem Hauch von Abenteuerlust. Er nahm sich immer gerne Zeit, mit den Seeleuten zu plaudern. Er hörte ihre Erzählungen von stürmischen Nächten auf hoher See, von Begegnungen mit fremden Kulturen in exotischen Häfen und von der engen Gemeinschaft, die auf dem Schiff und im Kampf entstanden war. Die alten Holzdecken schienen die Geschichten förmlich zu absorbieren, als würden sie die Echos vergangener Gespräche bewahren. Die Freundschaften, die auf den Wellen des Meeres geschmiedet wurden, erwiesen sich als so robust wie das Holz, aus dem das Schiff erbaut war.

Mit einem Gefühl der Zufriedenheit verließ Günther Lütjens das Wohnschiff. Im warmen Licht der Sonne reflektierten die alten Planken die Geschichte und das Erbe der Marine. Die vergangenen Abenteuer und die freundschaftlichen Bindungen auf dem Schiff waren fest verankert in den Erinnerungen, die der Admiral mit sich trug, während er sich den kommenden Herausforderungen und unangenehmen, im zutiefst als neumodisch verhassten, Verantwortlichkeiten seiner Position zuwandte.

Inmitten des geschäftigen Treibens traf er Vizeadmiral Müller, ein Mann mit breiten Schultern und einem markanten Schnurrbart. Er war so etwas wie der Planungs- und Stabschef hier.

"Guten Morgen, Herr Admiral. Wie laufen die Vorbereitungen, Ich meine was soll das hier? Sie wollen doch nicht wirklich dieses Schiff hier auf so einen verdammt riskanten Trip schicken, oder?", brummte Müller und zwinkerte Lütjens mit einem verschmitzten Lächeln zu.

Der Admiral wandte sich um und musterte den Vizeadmiral mit einem ernsten Blick. "Guten Morgen Herr Müller, ich verstehe Ihre Bedenken, aber dieser Auftrag ist von höchster Bedeutung. Ich meine doch wohl selbst … ich meine doch wohl selbst vor den Risiken gewarnt zu haben."

Müller verdrehte die Augen und schüttelte den Kopf.

"Lütjens, ich sage es Ihnen, das ist eine schlechte Idee. Mit nur einem Schiff hier einzudringen, das ist ganz und gar nichts. Wir brauchen Verstärkung. Sonst sind wir bald nur noch Fischfutter."

Der Admiral seufzte.

"Sie wissen genau, dass wir uns in einer heiklen Lage befinden. Jedes weitere Schiff würde Aufmerksamkeit erregen und die Gefahr erhöhen. Dieser Auftrag erfordert Präzision und Geschwindigkeit. Wir können nicht auf eine Flotte warten. Was soll ich denn machen wenn alle anderen schweren Einheiten ausgefallen sind?" Er ließ den verdutzen Vizeadmiral einfach stehen.

Lütjens schritt nun durch einen schweren Eichentürbogen und betrat jenen Raum im Kommandogebäude, in dem die strategischen Entscheidungen getroffen wurden. Das schwache Licht der maritimen Kartenbeleuchtung enthüllte die präzise gestalteten See- und Lagekarten, die an den Wänden hingen. Das Summen von elektronischen Geräten und Funkgeräten sowie das leise Murmeln von wachhabenden Offizieren füllte die Luft.

In der Mitte des Raumes, vor einer gigantischen Karte, die den Ozean und die Welt in ihren aktuellen geopolitischen und gewünschten künftigen Grenzen zeigte, stand der Führer. In seinem gewohnten braunen Uniform-Rock wandte er sich Lütjens zu, als jener eintrat.

"Admiral, Ich grüße Sie. Ich hoffe, Sie hatten eine angenehme Inspektion der Flotte?", empfing er ihn mit einem ernsten Gesichtsausdruck.

"Jawohl, mein Führer. Die Truppe ist in ausgezeichnetem Zustand, bereit für jede neue Herausforderung", antwortete er mit einem respektvollen Salut. Den Hitlergruß gedachte er bewusst zu vermeiden.

Hitler nickte und wandte sich dann der großen Karte zu. "Wir haben aktuelle Berichte über längst instabile Situationen auf den britischen Inseln. Das Empire wankt. Wie schätzen Sie die Lage ein?"

Der Admiral trat näher an die Karte heran und begann, die verschiedenen strategischen Punkte und Bewegungen der Flotte zu erläutern. Die beiden Männer vertieften sich in die Details der maritimen Geopolitik, während sie Optionen und Szenarien durchgingen.

Der Führer senkte seine Stimme und teilte ihm seinen Entschluss mit. "Admiral, die Situation erfordert eine unmittelbare und entschlossene Reaktion. Ich habe beschlossen, Sie zu beauftragen eine große Flotte zu führen, bestehend aus dem modernsten Schlachtschiff der Welt und einem starken Kreuzer. Wir werden aus unserem Stützpunkt in Norwegen heimlich ausbrechen und in den Atlantik vordringen. Sie führen...die *Bismarck*!"

Lütjens nahm die Worte auf und nickte ernst.

"Jawohl! Zu Befehl mein Führer. Die Flotte wird sofort bereitgemacht, und die Kommandanten erhalten umgehend die entsprechenden Befehle."

Hitler sah ihm in die Augen und fügte hinzu: "Diese Unternehmung ist von höchster Bedeutung. Wir vertrauen darauf, dass Sie die Flotte sicher und effektiv an ihr Ziel führen. Deutschland schaut auf uns, auf Sie, und wir müssen entschlossen handeln."

Der Admiral, nun seine Erfahrung und strategische Sicht in die Waagschale werfend, brachte Bedenken vor. "Mein Führer, es könnte vorteilhaft sein, zu warten, bis die *Scharnhorst* und die *Gneisenau*, die sich derzeit in Reparatur befinden, wieder einsatzfähig sind. Mit einer größeren Flotte hätten wir eine viel stärkere Präsenz und mehr taktische Flexibilität."

Hitler hörte aufmerksam zu, legte jedoch entschlossen seine Hand auf die Karte und sagte: "Admiral, ich verstehe Ihre Bedenken, aber die

Dringlichkeit erlaubt uns keine Verzögerung. Jeder Tag zählt, und wir müssen jetzt handeln. Die Gesamtlage erfordert eine unmittelbare Antwort. Unser Vorgehen muss klar und kraftvoll sein."

Obwohl der Admiral weiterhin die Vorzüge einer größeren Flotte betonte, akzeptierte er schließlich die klare Entscheidung des Führers.

"Mein Führer. Wir werden uns auf das konzentrieren, was wir haben, und die Mission so effektiv wie möglich ausführen."

Direktor Adrian Müller saß in der eleganten Kajüte seines Wohnschiffs, das sanft auf den Wellen im Hafenbecken dahinschaukelte. Die Mahagoniwände der Kajüte waren fein poliert und spiegelten das warme Licht der vergoldeten Glühbirnen wider. Vor ihm erstreckte sich ein großer, massiver Eichentisch, der reich gedeckt war. Silbernes Besteck glänzte im Kerzenschein, und funkelnde Kristallgläser waren akkurat neben kunstvoll gefalteten Servietten platziert.

Der Duft von frisch zubereitetem Hummer und gegrilltem Barsch durchzog die Luft. Ein erfahrener Koch hatte hier nach dem Rechten zu sehen, etwas anderes duldete er nicht. Müller genoss die Ruhe, die nur durch das sanfte Rauschen des Meeres und das Klappern des Bestecks unterbrochen wurde. Er nahm einen Schluck von einem exquisiten Weißwein und betrachtete die Mittagssonne.

Das Ordonanz-Personal des Schiffs bewegte sich lautlos im Hintergrund, bediente unauffällig den Tisch und sorgte dafür, dass die Gläser stets gefüllt waren. Er lehnte sich zurück, genoss den Moment und ließ seinen Blick über die festlich gedeckte Tafel schweifen.

Ein Teller mit saftigem Hummer lag vor ihm, begleitet von der obligaten, delikaten Zitronenbutter. Auf einem anderen Teller thronte ein kunstvoll arrangiertes Stück gegrillten Lachses, das von einem Bett aus exotischem Dampf-Gemüse umgeben war. Die Aromen vermischten sich zu einem verlockenden Duft, der die Sinne betörte.

Schwere, verstaubte Luft hing über dem weitläufigen Werftgelände, erfüllt vom erwartbaren Geruch von Schweiß, Öl und doch auch salziger Meeresluft. Das hässliche Kreischen von Metall auf Metall war stets präsent wenn jemand den Schweißbrenner oder die Trennschreibe ansetzte. Das Dock pulsierte vor Aktivität, als Arbeiter und Marinesoldaten in schmutzigen Overalls und abgenutzten Stiefeln geschäftig umherliefen.

Am Rande des riesigen Trockendocks lag ein Kriegsschiff, für dessen Zustand demoliert noch ein Euphemismus gewesen wäre. Die Werftarbeiter, hatten ihre Ärmel hochgekrempelt und ihre Gesichter waren von Ruß und Ölflecken gezeichnet. Sie schwitzten und fluchten, während sie sich selbst und diverse schwere Metallplatten mithilfe von Seilzügen anhoben und in schwindelnder Höhe Position brachten. Jeder Handgriff war präzise, jede Bewegung von Bedeutung. Alle zusammen bildeten die Werftarbeiter eine geruhsam dahin arbeitende Maschine, die niemals zu stoppen war.
Plötzlich zerriss das schrille Heulen von Luftschutzsirenen die Stille, als der Alarm die Bewohner und Arbeiter des Hafens in einen panischen Wettlauf trieb. Männer und Frauen eilten durch die engen Fabriksgassen in Richtung Luf-

schutzraum , ihre Gesichter von Angst verzerrt. Der Himmel färbte sich grau, als feindliche Blenheim-Bomber herannahendes Unheil verkündeten. Irgendwo stürzten Hitlerjungen auf dem Weg zu einer geradezu lächerlichen 2cm Flak herbei.

Ein ohrenbetäubendes Dröhnen übertönte das Wehklagen der Sirenen, als die ersten Bomben schon ihre todbringende Fracht entluden. Luftmienen explodierten in einem Inferno aus Feuer und Rauch. Innerhalb von Minuten warfen sie die Werft in ein Trümmerfeld.

Die Menschen direkt am Ufer, starrten entsetzt auf das unfassbare Chaos, das sich vor ihren Augen entfaltete. Einige rannten kopflos umher, während andere versuchten, ihre liebsten Besitztümer zu bergen. Doch die Engländer zögerten nicht, weiteren Tod und Verderben zu säen. In ihrer Panik entschlossen sich viele, ihre letzte Hoffnung auf Rettung ins Wasser zu werfen. Ein Strom von Menschen stürzte sich kopfüber in die kalten Fluten, um dem herannahenden Tod zu entkommen.

Ein alter Fischer, gezeichnet von den Jahren des Lebens auf See, stolperte am Rande des Hafens. Seine Augen spiegelten die Trauer um das, was verloren war, und die Entschlossenheit, das zu beschützen, was noch gerettet werden konnte. Aus einem dicken Loch in seiner Stirn quoll das Blut. Teilnahmlos wankte er umher, dann kippte er vornüber.

Als Entwarnung gegeben wurde, zählte man nur unter den Hafenarbeitern allein schon 18 Tote und über 200 Verletzte. Die *Gneisenau* hatte 4 Treffer, quer über das Schiff verteilt bekommen, und entsprach nun, gelinde gesagt endgültig der Definition eines Schrotthaufens. Traurig hing das einst so stolze Schiff nun auf Grund und unter den eigenen Tarnnetzen begraben an der Hafen-Meile.

Es war jedoch nicht nur das stolze Schiff, dem der Angriff gegolten hatte. Mitten zwischen den Trümmern, umgeben von rauchender, über das Wasser treibender Ölsuppe fand man auch die Reste der völlig zerstörten, als Wohnschiff dienenden Barkasse *Lübeck*. Dem darin beim Mittagsmahl getöteten Direktor Müller, war die vergoldete Gabel wortwörtlich im Hals stecken geblieben.

Die Vorbereitungen für das Unternehmen, das später als *Rheinübung* bekannt wurde begannen in den ersten Mai-Tagen. Die Kommandanten und Mannschaften wurden über die streng geheime Mission informiert, und die beiden Kriegsschiffe wurden für den Ausbruch vorbereitet. In der Stille der Gewässer von Gotenhafen bereiteten sich die *Bismarck*, Deutschlands neuer Stolz im Schlachtschiffbau und der schwere Kreuzer *Prinz Eugen*, darauf vor, in das Unbekannte des Nordatlantiks vorzustoßen.

Die Flotte wurde auf die geplante Operation vorbereitet, und der Ausbruch aus dem norwegischen Stützpunkt als letztem Etappenziel, wurde sorgfältig geplant. Trotz aller Bedenken – der Admiral gehorchte. Obwohl schwerwiegende Zweifel in seinem Geist schwirrten, wie düstere Gewitterwolken. In vertraulichen Gesprächen mit seinen engsten Beratern teilte er seine Sorgen.

"Die Entscheidung ist gefallen, und es ist unsere Pflicht, sie auszuführen. Aber ich kann nicht umhin, die Risiken zu sehen. Mit einer größeren Flotte wären wir robuster und flexibler gewesen. Wenn nur die *Scharnhorst* und die *Gneisenau* schon wieder zur Verfügung wären. Diese Mission ist nicht ohne Gefahren, und wir haben nicht alle Ressourcen, die uns zur Verfügung stehen könnten."

In den Tagen vor dem geplanten Ausbruch wirkte Lütjens auf sein Umfeld angespannt und tief in Gedanken versunken. Er verbrachte Stunden allein, blickte auf die Karten, studierte Berichte und konsultierte Kameraden.

Der große Tag brach an, und er begab sich an Bord des mächtigen Schlachtschiffs *Bismarck*. Mit ihm kam sein Flottenstab, eine 75 Köpfe zählende Reihe von Offizieren, Sachverständigen und anderen Beratern, die ihre Expertise und Erfahrung für die kommende Mission einbringen würden. Sie trugen eifrig ihre Taschen und Ausrüstung an Bord, während die Mannschaft in Reih und Glied angetreten war, um den Admiral zu empfange.

Der eigentliche Kapitän des Schiffes, Ernst Lindemann, ein sehr junger und doch erfahrener Seemann mit jahrelanger Dienstzeit, stand an der Gangway und salutierte, als der Admiral das Deck betrat. "Admiral, Kapitän Lindemann meldet sich zum Dienst. Das gesamte Schiff ist bereit, die Befehle des Führers mit vollem Einsatz auszuführen", meldete er formell. "Kapitän, ich danke Ihnen. Ich vertraue darauf, dass Ihre Erfahrung und Führungskraft die Mannschaft sicher durch diese Mission führen werden. Gemeinsam werden wir die Aufgaben vor uns bewältigen", erwiderte der Admiral und reichte dem Kapitän die Hand.

Die Mannschaft, gestärkt durch die Anwesenheit des Admirals, zeigte eine bemerkenswerte Entschlossenheit. Die Berater begannen, sich in ihren zugeteilten Bereichen einzurichten, während der Admiral und der Kommandant besprachen, wie die kommenden Tage und Wochen strukturiert sein würden. Es galt zunächst wirklich einmal nichts anderes zu tun, als in strikter Geheimhaltung durch die Ostsee und weiter an Norwegen vorbei zu kommen. Etwa auf der Höhe von Bergen würde man im Hafen oder von einer „Milchkuh" weitere Versorgungsgüter, vor allem Brennstoff, aufnehmen. Gelang dies, könnte der Verband unbemerkt durch die Dänemarkstraße laufen und in der Folge in den offenen Atlantik vorstoßen. Nach einer beliebigen Zeit des Vorgehens gegen die Geleitzüge, die aus allen Winkeln des Empires zur rettenden Versorgung der Insel anfuhren, würde man Frankreich anlaufen und schon durch die bloße Präsenz den Gegner massiv behindern.

Trotz der Schwere und des enormen Risikos war die Motivation in der Luft spürbar. Die Mannschaft, die Berater und der Kommandant arbeiteten gemeinsam an einem Ziel, das größer war als sie selbst.

Auf der Brücke der *Prinz Eugen* entfaltete sich unterdessen eine eifrige Diskussion zwischen Lütjens, seinen Beratern, Kapitän Lindemann und dem Kapitän der *Prinz Eugen* Brinkmann. In gedämpftem Licht und bei etwas Zigarrenrauch wurden die Bedenken über den scheinbar riskanten Plan laut ausgesprochen.

"Wir müssen realistisch sein", begann Lindemann.

"Mit dieser verkleinerten Flotte sind wir anfälliger für unvorhergesehene Ereignisse. Die fehlenden Schiffe könnten zu einer Schwachstelle werden."

Der Kommandant der *Prinz Eugen* nickte zustimmend.

"Ich teile diese Bedenken. Unser Vorteil liegt in der Überraschung, aber wir müssen uns bewusst sein, dass unsere Ressourcen begrenzt sind. Wenn wir auf Widerstand stoßen, wird es schwierig."

Der Admiral hörte aufmerksam zu, seine Stirn in nachdenklichen Falten.

"Wir sind uns der Risiken bewusst, aber der Führer hat entschieden, dass wir handeln müssen. Unsere Aufgabe ist es, das Unternehmen so effektiv wie möglich auszuführen, auch wenn die Ausgangslage nicht ideal ist."

Ein anderer Berater meldete sich zu Wort.

"Wir müssen mit den Mitteln arbeiten, die uns zur Verfügung stehen. Vielleicht können wir auf Kreativität und Täuschung setzen, um die Nachteile auszugleichen."

Die Diskussion dauerte an, und während die Bedenken weiterhin präsent waren, entwickelte sich auf der Brücke eine Atmosphäre des Entschlusses. Der Plan mochte nicht perfekt sein, aber die Mannschaft war entschlossen, ihr Bestes zu geben, um die gestellte Aufgabe zu erfüllen, also warum sollten sie es nicht sein.

Schließlich gab der Admiral klare Anweisungen.

"Bereiten Sie sich vor. Wir werden den Plan umsetzen. Kreativität, Schnelligkeit und Entschlossenheit werden unsere Verbündeten sein. Wir wissen, was auf dem Spiel steht, und wir werden es mit umso mehr Kampfbereitschaft und Willen auch durchstehen."

Man nahm die Worte des Admirals an, und trotz der Unsicherheiten in der Luft wurde der Fokus auf die bevorstehende Aufgabe gerichtet.

Mit einigem Aufwand und präziser Planung machten sich die Schiffe bereit zum Auslaufen.

Lütjens, auf der Brücke der *Bismarck*, beobachtete jede Phase der Vorbereitung mit intensiver Konzentration.

"Die See ist ruhig, die Bedingungen sind günstig, Sichtweite allerdings minimal. Halten Sie den Kurs stabil, und seien Sie auf alles vorbereitet", wies er Lindemann an, während er den Blick auf die Schirme der Funkmessgeräterichtete.

Seine Offiziere überwachten die Kommunikation der Besatzung und analysierten potenzielle Risiken. Jeder an Bord war sich der Dringlichkeit und Sensibilität der Mission bewusst. Absolute Stille breitete sich auf der Brücke aus, unterbrochen nur von vereinzelten Befehlen und den leisen Geräuschen der Maschinen.

Der Schlüssel lag in der Kunst der Unsichtbarkeit, während die Flotte behutsam aus Gotenhafen auslief und durch die Meeresweiten glitt. Die Mannschaften waren angehalten, jegliche unnötige Aktivität zu minimieren und nur das Nötigste zu kommunizieren. Lichter wurden gedimmt, und alle unnötigen technischen Geräte wurden abgestellt, es herrschte absolute Funkstille.

Die Schiffe waren nun auf ihrem Weg, bereit, die Herausforderungen im Kampf mit der Royal Navy zu meistern. Ein Hauch von Todesahnung lag in der Luft, während die Flotte sich geräuschlos in die Dunkelheit der Ostsee bewegte, getrieben von der Notwendigkeit, ihre Mission im Verborgenen zu erfüllen und nur nicht aufgeklärt zu werden, bevor man im Atlantik war.

Dabei blieb es natürlich nicht lange. Der schwedische Flugzeugkreuzer *Gotland*, auf seinem normalen Kurs durch die Gewässer Richtung Finnland unterwegs, bemerkte die imposante Schlachtschiffflotte und deren Begleitung aus Zerstörern, die sich mit bedächtigem Kurs durch die See wälzte.

Die Besatzung, überrascht von der ungewöhnlichen Präsenz, und obwohl eigentlich neutral, begann eifrig zu diskutieren und entschied schließlich, die Entdeckung an die entsprechenden höheren Stellen zu melden.

Die Meldung erreichte schnell den Kommandanten einer nahegelegenen britischen Patrouilleneinheit. Die Nachricht verbreitete sich wie ein Lauffeuer, als die Informationen über die ungewöhnliche Flotte, die sich in den Gewässern bewegte, weitergegeben wurden. Die Vermutung, dass es sich um die *Bismarck* handeln könnte führte binnen zwei Stunden dazu, dass die Meldung auf höchster Ebene landete.

Im Marinestab in London wurden alsbald eifrig Karten studiert, Daten analysiert und Szenarien entworfen. Die Nachricht von der entdeckten Flotte erreichte schließlich auch die Schreibtische derjenigen, die über die Sicherheit der Region wachen sollten.

Die Aufmerksamkeit der „freien Welt" war nun auf die Bewegungen der Flotte gerichtet, und die Möglichkeit, dass es sich um einen Durchbruch mit gravierenden Konsequenzen handeln könnte, war offensichtlich. Der schwedische Kahn hatte unwissentlich den Beginn einer Kette von Ereignissen ausgelöst, als *Unternehmen Rheinübung* in den deutschen Stäben lief.

Während die Flotte weiterhin geräuschlos durch die Dunkelheit des Ozeans glitt, setzte sich also die Maschinerie der britischen Admiralität in Bewegung.

Unter Deck, in einer der engen, zweckdienlichen Kojen der *Bismarck*, entspannte sich ein junger Bremer Matrose. Die sanfte Schaukeln der Schiffsbewegungen begleitete ihn, während er sich einen Moment der Ruhe gönnte. Neben ihm ruhte Oskar, die Schiffskatze, und genoss Streicheleinheiten.

In der, von gedämpftem Licht erhellten Koje zog er einen Bogen Briefpapier und einen Bleistift hervor. Er setzte sich aufrecht und begann, liebevolle Worte an seine Braut in der Fernen Heimat zu schreiben.

"Meine Liebe, Sophie

Ich hoffe, dieser Brief erreicht dich in bester Gesundheit und guter Stimmung. Die Tage hier auf dem Schiff sind lang, aber es gibt Momente der Stille, in denen ich an dich denke und all die schönen Erinnerungen durchlebe, die uns verbinden.

Oskar, der Kater wie du weißt, ist auch hier und sorgt für etwas Ablenkung. Seine Streicheleinheiten erinnern mich an dich, und ich kann mir vorstellen, wie du lachen würdest, wenn du ihn hier sehen könntest. Er ist wirklich zu einem treuen Begleiter geworden, genau wie du es für mich bist.

Die Mission ist anspruchsvoll, und es gibt Momente der Unsicherheit, aber wir sind eine starke Einheit. Die Mannschaft ist motiviert, und ich bin stolz, Teil dieses Abenteuers zu sein.

Bis dahin, denk daran, dass du in meinen Gedanken bist und mein Anker in stürmischen Zeiten.

Mit all meiner Liebe, Konrad

Er faltete den Brief sorgfältig zusammen, steckte ihn in einen Umschlag und adressierte ihn an seine Sophie zu Hause. Ein Gefühl der Verbindung und Hoffnung erfüllte ihn, während er den Brief in die Rohrpost steckte, damit er noch in Norwegen von Bord ging. In diesen Augenblicken der Ruhe fand er Trost und Stärke für die bevorstehenden Herausforderungen auf hoher See.

Die *Seafire* durchschnitt den dichten Nebel, während der Pilot mit einem Gefühl der Monotonie und Sinnlosigkeit über die Aufgabe nachdachte. Das undurchsichtige Weiß des Nebels umhüllte das Flugzeug, sodass die Welt draußen nur in undeutlichen Schattierungen erschien.

Im Cockpit herrschte eine gedämpfte Stimmung. Die Instrumente zeigten die gewohnten Daten an, und die Funkgeräte blieben größtenteils stumm. Er blickte aus dem Fenster in eine undurchdringliche Wand aus Nebel. Das monotone Brummen des Motors und das gedämpfte Surren der Instrumente bildeten die Hintergrundmusik für diese eintönige Mission.

Der Pilot könnte sich nicht einmal an den letzten Auftrag erinnern, der ihm einen klaren Sinn oder Zweck vermittelt hätte. Die Orientierung in diesem undurchdringlichen Nebel schien nahezu unmöglich. Jeder Flug war eine Wiederholung des vorherigen, ohne klaren Fortschritt oder Ziel. Die Zeit verging träge, und der Pilot sehnte sich nach der Rückkehr zur Basis. Der monotone Flug durch den Nebel Norwegens verstärkte das Gefühl der Absurdität dieser Mission.

Am nächsten Tag, nach einer Nacht der ruhigen Fahrt durch die Ostsee, lief die deutsche Flotte in den Hafen von Bergen ein. Die sonnenbeschienene Hafenstadt begrüßte die Flotte mit geschäftigem Treiben. Die Mannschaften waren geschäftig dabei, die notwendigen Vorbereitungen für das Nachtanken und eventuelle Reparaturen zu treffen.

Admiral Lutjens betrat die Hafenanlagen, begleitet von Kapitän zur See Ernst Lindemann, um sich ein Bild von der Lage zu machen. Die positiven Stimmungen der vorherigen Tage schienen sich zu verstärken. Die Möglichkeit, Treibstoff und Vorräte aufzustocken, sorgte für Aufbruchsstimmung.

"Lindemann, wir haben die Chance, die Flotte zu stärken und die Mannschaften noch einmal sich kurz zu erfrischen. Nutzen Sie diese Zeit, um sicherzustellen, dass alles für die nächste Etappe bereit ist"

„Jawohl, Herr Admiral. Die Treibstoff- und Vorratsversorgung wird so schnell wie möglich erledigt. Die Mannschaften haben sich ihre Ruhe verdient, und ich bin zuversichtlich, dass wir gestärkt in die nächste Phase unserer Mission gehen können."

Während die Schiffe an den Kais festgemacht wurden, begannen die Betankung und die Bevorratung. Die Hafenarbeiter wurden damit beschäftigt, die notwendigen Ressourcen sofort bereitzustellen und zu verladen, und die Mannschaften nutzten die Gelegenheit, um sich an Land noch ein wenig zu erholen.

Für Matrosen wie Konrad bot die Hafenpause wenig Ruhe. Während die anderen vielleicht die Gelegenheit hatten, sich zu erholen, wurde Konrad, zusammen mit vielen anderen, mit der Aufgabe betraut, die *Bismarck* umzustreichen. Das bedeutete, auf Seilzügen und Seilen herumzuturnen und den Anstrich des mächtigen Schiffes zu verändern.

In blassblauer Arbeitsmontur und mit Farbtöpfen bewaffnet, erkletterte sich Konrad die Strukturen des gewaltigen Schiffes. Der Himmel über dem Hafen war für ihn nicht die entspannte Kulisse, die er sich für einen Norwegen-Besuch gewünscht hätte. Stattdessen war sein Blick auf den blechernen Rumpf des Schlachtschiffs und die Aufgabe gerichtet, die vor ihm lag.

Mit akribischer Genauigkeit und Geschicklichkeit arbeiteten Konrad und seine Kameraden an der Umgestaltung des Anstrichs. Die Arbeit war anstrengend, und die Hafenaufenthalte boten wenig Erholung für diejenigen, die mit den physischen Anforderungen der Wartung und Instandhaltung beauftragt waren. Konrad und seine Kameraden waren sich bewusst, dass diese Aufgaben entscheidend für die Funktionalität und Effizienz des Schlachtschiffs waren, und so führten sie ihre Arbeit gewissenhaft aus, auch wenn die Aussicht auf eine entspannte Pause und norwegisches Damenvolk fern schien.

Die positiven Allüren, die der Admiral und der Kapitän versprühten, erreichten nicht immer jede Ecke des Schiffes. Für Matrosen wie Konrad waren Hafenpausen oft eine Zeit intensiver Arbeit und weniger eine Zeit der Entspannung. Dennoch führten sie ihre Aufgaben mit der gleichen Hingabe aus, die sie zu Seeleuten machte, und hofften, dass die kommenden Herausforderungen auf hoher See von ihrer sorgfältigen Arbeit profitieren würden.

Das feindliche Aufklärungsflugzeug, das bereits am Vortag durch den dichten Nebel flog, kehrte ebenfalls zurück und überflog den Hafen. In der luftigen Höhe konnte der Pilot klare Sicht auf die Schiffe bekommen, die dort vor Anker lagen, um Treibstoff und Vorräte aufzunehmen. Ihm war natürlich sofort klar, was er vor sich hatte.

Die Mannschaften auf den Schiffen, die sich immer noch inmitten ihrer Arbeiten befanden, wurden durch das Dröhnen der Flugzeugmotoren aufgeschreckt. Die positive Stimmung, die zuvor auf dem Deck geherrscht hatte, verwandelte sich in eine angespannte Wachsamkeit.

Der Admiral und Kapitän Lindemann, die sich gerade an Land befanden, sahen zum Himmel auf, als die *Seafire* vorbeiflog. Die Betriebsamkeit im Hafen erhöhte sich, und die Mannschaften begannen, ihre Aktivitäten zu überprüfen und auf mögliche Sichtungen vorbereitet zu sein. Es entging ihnen nicht wie manch norwegischer Zivilist nur boshaft grinste. Der sich entwickelnde Hornissenschwarm aus Matrosen aber auch unter den Passanten war nicht zu übersehen.

"Herr Admiral, das feindliche Flugzeug hat uns bestimmt entdeckt. Wir müssen unsere Vorbereitungen beschleunigen und auf das Schlimmste vorbereitet sein", sagte Lindemann mit einem ernsten Ausdruck.

„Und der kann hier noch so unbeirrt herumschwirren – keine Luftwaffe, keine Sperrballons. Alles Maulhelden!“

Die Schiffe, die gerade noch in einem Moment der Routine und Instandhaltung verweilten, wurden nun auf *Klarschiff zum Gefecht* alarmiert. Die Flugabwehrgeschütze wurden besetzt, die Arbeiten beschleunigt und die Mannschaften bereiteten sich darauf vor, im Bedarfsfall schnell auf kritischen Beschuss zu reagieren.

"Herr Admiral, die Gefahr ist real, und wir sind bereits entdeckt worden. Es wäre klüger, jetzt auf Nummer sicher zu gehen und das Unternehmen zu stoppen. Wir können nicht mehr davon ausgehen, dass wir unbemerkt in den Atlantik vorstoßen können", argumentierte Kapitän zur See Brinkmann mit einem ernsten Blick.

Der Admiral, fest entschlossen und vielleicht von einem höheren strategischen Ziel getrieben, schüttelte den Kopf und erwiderte: "Wir können uns nicht jetzt schon zurückziehen. Diese historische Mission ist von entscheidender Bedeutung, und wir können nicht vor den ersten Herausforderungen einknicken. Wir werden unseren Kurs fortsetzen."

Lindemann versuchte erneut, den Admiral von seiner Sichtweise zu überzeugen, verwies auf die entdeckte Position und die potenziellen Risiken. Doch der Admiral blieb unbeirrt.

"Die Welt schaut auf uns, Lindemann. Wir können nicht vor jeder Unannehmlichkeit zurückschrecken. Das Unternehmen wird fortgesetzt."

Die Spannung zwischen den beiden Offizieren war spürbar, auch für die Mannschaften. Schließlich, mit einem ernstem Ton, befahl der Admiral: "Bereiten Sie die Schiffe vor. Wir setzen *Rheinübung* fort. Wir werden zeigen, dass wir uns nicht von Rückschlägen entmutigen lassen."

Der Kommandant akzeptierte widerwillig die Anweisungen und machte sich daran, die Befehle für die Fortsetzung der Unternehmung vorzubereiten. Während die Unsicherheit in der Luft lag, setzte der Admiral seinen Kurs entschlossen fort, fest im Willen, die Herausforderungen anzunehmen, die vor ihnen lagen, ungeachtet der bereits entdeckten Position und der möglichen Konsequenzen. Er hatte seine Pflicht zu erfüllen, auch wenn dies hieß manchmal gegen die eigene Logik zu handeln. Er war Soldat und damit in seinem Bereich Fachmann. Die Führung war nicht vom Fach. Aber es war die Führung der es zu gehorchen galt. Die Führung hatte neben dem Militärischen auch die strategisch-politische Gesamtlage im Blick. Die ging ihn als Soldat nichts an. Er konnte also gar nicht vollends urteilen weil er nicht alle Informationen hatte. Die Führung hatte also eine Art Vertrauensvorschuss. Und zuletzt musste man es als Soldat auch verstehen, sich freiwillig und ohne Zwang für das höhere Ziel zu opfern. Ein Umstand von dem Lütjens bei der dieser Mission ausging, wenn er sich ganz ehrlich war.

In der Downing Street in London schlug die Nachricht vom Auslaufen der beiden Schiffe wie eine Bombe ein. Die Spannung in den Räumen der Entscheidungsträger war sofort spürbar. Die Informationen über die Unternehmung, die trotz der Entdeckung fortgesetzt wurde, lösten große Besorgnis und Unruhe aus. Koffer wurden gepackt, Feldbetten eingerichtet, Telefone in langen Reihen aufgestellt.

Die Nachrichtenräume waren erfüllt von einer angespannten Atmosphäre, als die Verantwortlichen der Marine sich eilends zu Besprechungen und Krisensitzungen versammelten. Die geopolitische Bedeutung der Situation war klar, und die möglichen Konsequenzen eines Auftauchen der *Bismarck* in der Nähe der Geleitzüge hingen wie eine dunkle Wolke über den Köpfen der Entscheidungsträger.

Die Nachricht von den fortgesetzten Aktionen der Schiffe verursachte in London große Angst, nicht nur aufgrund der möglichen direkten Bedrohung, sondern auch wegen der potenziellen geopolitischen Konsequenzen. Sofortige Entscheidungen waren erforderlich, um die Situation zu bewältigen und das Risiko für die triste Gesamtlage Großbritanniens zu minimieren.

In einem unterirdischen Bunker im Bezirk Westminster in London, tief verborgen vor den Blicken der Welt, versammelten sich die Admiräle der englischen Marine, um über die Eskalation der Situation zu beraten. Hier, quasi direkt unterhalb des britischen Marineministeriums liefen alle Operationen der Royal Navy zusammen. Was auch immer die *Bismarck*, die *Scharnhorst* die *Gneisenau*, oder auch Dönitz und seine U-Boote im Atlantik trieben. Die Antwort kam stets von hier. Unter den diensthabenden Offizieren war auch Captain Edwards, ein erfahrener Marineoffizier, der einen entscheidenden Auftrag erhielt – den Oberbefehl über alle Operationen um die beiden Schiffe zu stellen und zu versenken, möglichst vor dem Durchbruch in die offene See.

Captain Edwards, von der Dringlichkeit der Aufgabe geehrt aber nicht wenig getrieben, versammelte sofort seinen Stab.

"Meine Herren, die Lage ist ernst. Die Schiffe haben trotz der Entdeckung ihren Kurs fortgesetzt, und wir müssen sie stellen", begann Captain Edwards mit ernster Miene.

"Unsere Aufgabe ist es, sicherzustellen, dass dieses Unternehmen keine weiteren Zwischenfälle auslöst. Wir müssen die Schiffe aufspüren und handeln, bevor es zu spät ist."

Sein Stab hörte aufmerksam zu, während Captain Edwards die strategischen Überlegungen und möglichen Szenarien erläuterte. Karten wurden ausgebreitet, Routen analysiert, und Kommunikationseinheiten in alle Ecken des Empires aktiviert. Jeder Offizier hatte seine spezifischen Aufgaben und Verantwortlichkeiten, um sicherzustellen, dass die Mission reibungslos verlief. Die in der Zwischenkriegszeit kaputt gesparten und in aller Welt verstreuten Streitkräfte im Blicke zu halten war keine einfache Aufgabe.

"Wir werden alle verfügbaren Mittel einsetzen, um die Schiffe zu finden und zu stoppen. Jede Verzögerung könnte katastrophale Konsequenzen haben. Seien Sie bereit, sich auf unerwartete

Entwicklungen einzustellen", wies Captain Edwards seine Offiziere an. Die Uhr tickte, und die Schiffe des Empires in den Weiten der Nordsee befanden sich in einem Wettlauf gegen die Zeit um die potenzielle Eskalation im Handelskrieg zu verhindern.

Die *HMS Suffolk*, ein britischer Kreuzer, der seine besten Tage hinter sich hatte, bewegte sich langsam durch die Weiten des Nordatlantiks, nachdem sie die Information über die Position der beiden deutschen Schiffe erhalten hatte. Die Spannung an Bord war hoch, da die Mannschaft sich darauf vorbereitete, die deutschen Schiffe zu sichten und vielleicht auch gleich zu versenken.

Das raue Meer erstreckte sich eintönig in alle Richtungen, und die widrigen Bedingungen erschwerten die Sicht. Die Offiziere auf der Brücke, ausgerüstet mit Ferngläsern und vermeintlich modernster Radar-Technologie, spähte in die Ferne, um die beiden Schiffe zu identifizieren. Die Unsicherheit darüber, ob es sich tatsächlich um die gesuchten Ziele handelte, verstärkte die Anspannung.

"Sir, wir haben zwei Kontakte in Sicht. Aber aufgrund der Entfernung und der Wetterbedingungen können wir nicht mit Sicherheit sagen, ob es die Zielschiffe sind", meldete der Ausguck an den Kapitän.

Der Kapitän, Captain Fishburn, fixierte die Bildschirme und beobachtete die sich nähernden Punkte.

"Wir müssen näher herangehen und die Schiffe genau identifizieren. Bereiten Sie sich auf eine mögliche Konfrontation vor, aber zeigen Sie Zurückhaltung, bis wir sicher sind", ordnete er an.

Die *Suffolk* näherte sich den verdächtigen Kontakten mit vorsichtiger Entschlossenheit. Die Mannschaft ging in Alarmbereitschaft und war bereit, in Sekundenbruchteilen zu reagieren, falls sich herausstellen sollte, dass es sich tatsächlich um die gesuchten Schiffe handelte.

Die höchste Alarmbereitschaft wurde auch auf der *Bismarck* ausgerufen, als die Meldung über die sich nähernden Kontakte ankam. Die Mannschaften eilten zu ihren zugewiesenen Positionen, während der schrille Klang von Alarmglocken und Durchsagen das Schiff durchdrang. Konrad, der sich gerade an einem kleinen Geschütz an Deck befand, nahm seine Position ein und beobachtete gespannt das sich entwickelnde Geschehen. Er spähte durch sein Fernglas und versuchte, einen klaren Blick auf die, sich nähernden Schiffe zu erhaschen.

Seine Kameraden und er waren lange darauf vorbereitet worden, ihre Aufgaben mit Präzision und Entschlossenheit zu erfüllen. Das kleine Geschütz, das er bediente, war bereit, auf Befehl Feuer zu spucken, falls die Situation eine Antwort erfordern sollte. Doch inmitten der Anspannung blieb die Hoffnung, dass es sich vielleicht um einen Fehlalarm oder zumindest um harmlose Wach-Schiffe handelte, denen schnell beizukommen war.

Die *Bismarck* glitt durch die Wellen des Atlantiks, in Alarmbereitschaft versetzt, bereit für mögliche Herausforderungen, während die Situation sich weiter entwickelte und die große Unsicherheit über die Identität der sich nähernden Kontakte an Bord lag.

Mit der Ankunft der *HMS Norfolk*, einem weiteren britischen Kreuzer, intensivierte sich die Anspannung auf dem deutschen Schlachtschiff. Die Unsicherheit hielt an, und die Spannung erreichte schließlich einen kritischen Punkt. Als die *Norfolk* dann auch noch versuchte, sich den Schiffen zu nähern, reagierte die *Prinz Eugen* jedoch sofort und nahm sie unter Feuer, die *Bismarck* folgte.

Die Salven aus den mächtigen 38 cm Geschützen des Schlachtschiffs durchschnitten die Luft, und die Geschosse flogen in Richtung der *Norfolk*. Die Aufeinandertreffen von Metall auf Metall erfüllten die Atmosphäre mit ohrenbetäubendem Gedonner. Der Rauch der explodierenden Granaten vernebelte glatt die Sicht.

Wenig später empfing Captain Edwards die Nachricht über den Rückzug der Kreuzer zu Selbstschutzzwecken. Nach einem Moment des Nachdenkens und der Bewertung der aktuellen Lage, traf Captain Edwards eine schwere Entscheidung. Er entschied, dass vor allen weiteren Schritten die beiden stärksten Einheiten der britischen Marine, die *HMS Hood* und die *Prince of Wales*, auslaufen sollten. In der Dänemark-Straße, genauer gesagt an deren Ausgang zwischen Grönland und Island wurden die beiden deutschen Störenfriede erwartet. Hier würde man sich zum Kampf stellen und hier sollte die Entscheidung fallen. Ein Vordringen der Deutschen in den Atlantik hätte es sofort notwendig gemacht den dortigen Gleitzug-Verkehr umzuleiten, oder bei großräumigen Operationen zumindest darauf Rücksicht zu nehmen. Verständlicherweise galt es dies zu vermeiden. Bevor also weitere Aktionen eingeleitet wurden, sollten nun die mächtigsten Schiffe in Position gebracht werden. Er übermittelte seine Anweisungen, dass die beiden Schiffe, die als die größten Streitkräfte der britischen Marine galten, sich sofort auf den Weg machen sollten.

In diesem Moment der Ruhe im Bunker dachte Captain Edwards darüber nach, wie sich die Ereignisse in den letzten Stunden entfaltet hatten. Die Identität der sich nähernden Schiffe war nun leidlich klar und die Entscheidung, gleich die beiden stärksten Einheiten auszuschicken, war auch nicht gerade der Beste Versuch, die Kontrolle über die Situation zurückzugewinnen. Über die Folgen eines Durchbruchs der *Bismarck* in den offenen nördlichen Atlantik oder gar ihr unmittelbares Eingreifen in den Handelskrieg machte er sich keine Illusionen. Schon jetzt brachten die Dönitz"en U-Boote das auf sich gestellte Inselreich gefährlich nah an den Zusammenbruch.

Die beiden stärksten Schiffe der britischen Marine, angeführt vom etwas arroganten Admiral Holland, liefen noch in derselben Nacht aus. Als man realisierte, dass die *Prince of Wales* noch Zivilisten an Bord hatte, war Holland etwas beunruhigt. Die Zivilisten, die nichts von den Schlachtvorbereitungen wussten und eigentlich an Bord waren, um Reparaturen an der noch nicht fertig umgebauten *Prince of Wales* durchzuführen, befanden sich nun mitten in einem potenziell tödlichen Einsatz.

Die Alarmglocken schrillten durch das gesamte Schiff, als die Mannschaft in ihre Einsatzpositionen eilte. In einem abgedunkelten Raum unterhalb des Decks, zwischen tonnenschweren Geschützen, fanden sich zwei Männer widerstrebend wieder – Rob Smith, ein erfahrener Geschützmechaniker, und Kaleb Dean, der als UK-gestellt und Zivilist eigentlich nur für die Wartung der Anlagen zuständig war.

Robert starrte finster auf die blinkenden Kontrollleuchten und die Matrosen die wie Horde

Ameisen umher liefen, er fluchte leise vor sich hin. "Verdammt nochmal, was zur Hölle machen wir hier? Ich bin ein Mechaniker, kein Soldat!"

Kaleb, mit einem Funkeln in den Augen, entgegnete: "Hör mal, die Zeiten ändern sich. Wir müssen unser Bestes geben, um dieses Schiff zu verteidigen. Wenn wir schon hier sind. Ich habe auch nicht vor, mich einfach so abschlachten zu lassen."

Robt schnaubte verächtlich. "Du und deine heldenhafte Einstellung. Ich bin kein Krieger. Ich habe eine Familie zu Hause, die auf mich wartet." Er packte Robs Schulter und sah ihm ernst in die Augen. "Und deshalb müssen wir sicherstellen, dass wir lebendig zu ihnen zurückkehren. Komm schon, wir haben eine Aufgabe hier. Die Geschütze müssen einsatzbereit sein und ich glaube nicht, dass die Frischlinge schon viel geübt haben. Sieh es positiv. Wenn wir das hier überstehen, haben wir die besten Geschichten zum Erzählen. Kein Gemurmel mehr von Etappen-Hengst."

Rob schüttelte den Kopf, konnte aber ein Lächeln nicht verbergen. "Geschichten? Du bist verrückt. Aber gut, lass uns diese verdammten Geschütze zum Laufen bringen."

Die Nacht über dem dunklen Ozean war von Unsicherheit durchzogen. Die Meldung, dass die beiden Kreuzer den Kontakt zu den feindlichen Schiffen verloren hatten, gab Holland wenig Hoffnung zur Besserung. Inmitten der tiefen Dunkelheit des Meeres und der Unsicherheit über die genaue Position des Gegners, entschied er sich, mit seinem Schlachtschiff und einem weiteren direkt nach Südosten zu fahren.

Die Brückencrew auf den Schlachtschiffen arbeitete konzentriert, während die beiden mächtigen Kriegsschiffe ihre Kurse änderten und sich in Richtung Südosten bewegten. Die Hoffnung auf eine erneute Begegnung mit den feindlichen Schiffen lag in der Dunkelheit der Nacht verborgen.

Die ungewisse Lage und die möglichen Gefahren für seine Mannschaften und die Zivilisten an Bord der *Prince of Wales* wogen schwer. Als eine Art schnelles Schlachtschiff war die *Hood* am Ende doch nur ein besonders stark bewaffneter Kreuzer. Der gute Ruf der *Hood* war eigentlich Fiktion, hatte sie sich doch nie ernsthaft beweisen müssen. Besonders die Panzerung bestand im Grunde nur aus über das Deck verteilten und locker aufgeschweißten Platten, die helfen sollten, dass feindliche Granaten bereits hier beim Aufschlag explodierten und nicht tiefer in das Schiff eindrangen. Schon die im Ersten Weltkrieg aufgekommenen deutschen Granaten mit Verzögerungszünder, machten dieses nicht nur obsolet sondern gefährlich. Holland wusste das, aber damit stand er in der Navy weitgehend allein. Doch in seinem Entschluss, die Feinde zu stellen und die Mission fortzusetzen, spiegelte sich weiterhin eine Mischung aus Entschlossenheit und einer leisen Hoffnung wider. Es war die Aufgabe eines fähigen Soldaten und Kommandanten mit dem Wenigen dass man hatte, das Größtmögliche zu erreichen.

Die beiden Schiffe durchpflügten die Wellen, während die Nachtstunden langsam vergingen und die Unsicherheit über den Verbleib der feindlichen Schiffe fortbestand. Die Dunkelheit des Ozeans barg Geheimnisse, die erst mit dem Licht des Tages ans Licht kommen würden. Für den Moment jedenfalls war es Holland genug wenn seine Schiffe nicht auch noch schlafend ins feindliche Kreuzfeuer einlaufen würden.

Konrad erwachte früh, die Stille der Morgendämmerung hüllte das Schlachtschiff *Bismarck* in eine ruhige Atmosphäre. Es war etwa 5 Uhr, und er wusste, dass bald der leise Alarm für die morgendliche Routine ertönen würde. Doch in diesem Augenblick war alles noch still und friedlich.

Vorsichtig stand Konrad auf, schlüpfte in seine Uniform und begab sich an Deck. Die kühle Brise des Ozeans empfing ihn, während er die Stille der frühen Morgenstunden genoss. Der Himmel färbte sich allmählich in zarte Orangetöne, als die Sonne langsam über dem Meer aufging.

Das Schlachtschiff lag ruhig auf den sanften Wellen, und die Szenerie wirkte fast idyllisch, wenn man die Anspannung der vergangenen Stunden außer Acht ließ. Konrad nahm sich einen Moment, um die Schönheit des Ozeans im Morgenlicht zu betrachten, bevor die Realität des militärischen Einsatzes wieder vollends einsetzen würde.

Die Stille wurde bald durchbrochen, als der leise Alarm an Bord erklang, und die Mannschaften begannen, sich für den Tag vorzubereiten. Konrad kehrte unter Deck zurück, um sich für die kommenden Aufgaben bereitzumachen, doch die kurze Auszeit am Morgen hatte ihm einen Moment der Ruhe und Besinnung geschenkt, bevor der Tag mit all seinen Herausforderungen begann.

Mit dem ersten Licht des Morgens traten die deutschen Schiffe endlich in Sichtweite. Admiral Holland, der die Nacht über in Spannung und Alarmbereitschaft verbracht hatte, ergriff die Initiative und eröffnete sofort das Gefecht. Man beschloss Fakten zu schaffen. Die mächtigen Geschütze auf den britischen Schlachtschiffen donnerten, durchzogen die Morgenluft und ließen eine Spur von Rauch und Feuer zurück.

In der Hitze des Gefechts hatten die Briten zuerst die *Prinz Eugen* unter Feuer genommen, die an der Spitze des Deutschen Verbandes gelaufen war. Admiral Holland erkannte jedoch sofort den Fehler und versuchte gegenzusteuern.

Auf der Brücke der *Bismarck* hingegen tobte ein ganz anderes Gefecht. Der Admiral, verantwortlich für die strategische Ausrichtung der Flotte, lehnt es ab, sich auf dieses ungewollte Gefecht einzulassen. Er argumentiert vehement, dass sie andere Aufträge und Prioritäten hätten, und dass ein Rückzug die klügere Entscheidung wäre.

Lindemann hingegen möglicherweise von einer Mischung aus Entschlossenheit und dem Hitzegefühl des Gefechts beeinflusst, entschied eigenmächtig, das Feuer zu eröffnen. "Ich lasse mir mein Schiff doch nicht unter dem Arsch wegschießen. Feuer", hatte er gerufen. Lütjens nahm dies widerspruchslos hin und schon brüllten die deutschen Geschütze los.

Die Hood kassierte einen ersten Treffer. Die Explosion erschütterte das Schiff, während Rauch und Trümmer in die Luft geworfen wurden. Die Mannschaft auf der Brücke wurde durchgeschüttelt, während die Alarmglocken und Sirenen durch das Chaos drangen.

Admiral Holland, obwohl selbst von der Wucht des Treffers erschüttert, behielt seine Fassung bei. "Schadensbericht! Sofort!",

Die Leckkontrollteams eilten zu den betroffenen Bereichen des Schlachtschiffs, um das Ausmaß der Schäden zu beurteilen und Sofortmaßnahmen zu ergreifen. Die Brückencrew arbeitete daran, die Kontrolle über das Schiff zu behalten, während die Situation zunehmend anspruchsvoller wurde. Wieder knallte es und eine Salve ging nur knapp neben den Engländern ins Wasser.

Die feindliche Flotte hat nun ihre Fähigkeiten bewiesen, und die Realität des Konflikts wurde auf dem Schlachtschiff von Admiral Holland spürbar. Die Hektik und das Durcheinander auf dem Schiff machten es schwierig, klare Anweisungen zu erteilen und die Kontrolle zu behalten.

Die Deutschen antworteten auf das britische Feuer und das offene Seegefecht entwickelte sich schnell. Genau lief es eher wortwörtlich aus dem Ruder, denn während die Prince of Wales erneut eine ungewollte Salve auf die *Prinz Eugen* abfeuerte, verhielt sich jene weitgehend passiv da sie durch eine Kommunikationsfehler mehr oder weniger genau vor die Rohre der *Bismarck* lief, was wiederrum diese zu einem mühsamen Ausweichmanöver zwang. Durchwegs feuerbereit war also über einen weiten Teil des Gefechtes nur die Hood, deren Besatzung aber nicht eingeschossen war, weswegen viel Blei weit an den Deutschen vorbei in den Atlantik regnete.

Admiral Holland, trotz seiner früheren Vorfreude auf den Kampf, erkannte nun die Ernsthaftigkeit der Situation. Sein Blick war fokussiert, während er die Entwicklung des Gefechts überwachte und taktische Entscheidungen traf. Die Morgenröte über dem Ozean wurde von den Feuerschleiern der abgefeuerten Geschosse durchzogen.

Konrad befand sich mitten in der Hektik, während er auf einem der Geschütze mithalf. Überall um ihn herum knallte es, die Geschosse flogen durch die Luft, und das Schiff bebte unter den Erschütterungen der abgefeuerten Salven. Stetig spie der Lastenaufzug eine neue Granate aus den Untiefen der Munitionsbunker, die man heben, mit einer Treibladung versehen und in der Geschützvorrichtung deponieren musste. Der Geruch von Pulver hing in der Luft, und die Anspannung vor dem Abziehen war förmlich zu greifen. Nachdem die Verriegelung, sie sah von hinten aus wie ein großer Backofen, geschlossen war, zog der Kanonier an der Lunte und sofort wurde der ganze Körper ein sanft lähmendes irgendwie erregendes Dröhnen versetzt, da der Rückstoß eines solchen Geschützes eigentlich ausreichend war einen normalen Menschen glatt umzubringen. Die Kommunikation an Bord war durch die Geräuschkulisse erschwert, und die Mannschaft handelte instinktiv und koordiniert, um die Bedrohung abzuwehren. Konrad, inmitten dieses tobenden Sturms aus Krieg und Lärm, führte seine Aufgabe mit Entschlossenheit aus, wissend, dass jedes Handeln in diesem entscheidenden Moment von Bedeutung war.

Die Geräusche auf so einem Schiff waren ohnehin überwältigend – das Dröhnen der Geschütze, das Klirren der Metallteile die irgendwo herumfolgen, das Rauschen der Wellen, die auf das Schiff prallten. Die Schüsse der Briten verfehlten das Schlachtschiff nur knapp, und die Gischt der explodierenden Granaten sprühte in die Höhe. Die Mannschaft bewegte sich in einem choreografierten Tanz zwischen den Geschützen und den anderen Stationen an Bord, während sie versuchten, den Befehlen und den Anforderungen des Gefechts gerecht zu werden. Sie waren zwar alle auf dieses Vorgehen gedrillt, aber wie immer im Militär dennoch wenig auf die, brutale, Praxis der Realität vorbereitet. Auf die im Schnellverfahren aufgestellte Marine traf dies noch viel mehr zu. Nicht umsonst hatte die Marineführung auf Hitlers verfrühten Waffengang schon 1939 und die Aussicht sich ausgerechnet mit der Royal Navy duellieren zu müssen nicht gerade freudig reagiert.

Der Mangel an Erfahrung und die unvollständige Ausrüstung auf der Prince auf Wales setzten der Mannschaft dort auch erheblich zu. Man versuchte verzweifelt, die Lage zu stabilisieren und sich zu organisieren, aber die widrigen Umstände machten es zu einer nahezu unmöglichen Aufgabe.

Admiral Holland erkannte die dringende Notwendigkeit, die taktische Situation zu verbessern, und gab den Befehl, die Hood und die Prince of Wales zu drehen, um ein besseres Schussfeld zu erhalten. Bisher hatte er nur mit den vorderen Geschützen wirken können.

Just durch diese Drehung lief die Hood genau in die fünfte Salve der *Bismarck* hinein. Jetzt rächte sich der Ansatz in die, eigentlich nie im Kampf gestandene Hood, so große Erwatungen gesetzt zu haben ebenso, wie das seltsame Panzerungskonzept. Eine Granate durchschlug den ungepanzerten Boden des Decks und traf just eine volle Munitionskammer. Eine Explosion ungekannten Ausmaßes zerriß den Rumpf und innerhalb weniger Sekunden löste sich der stolz der britischen Marine in einem Feuerball auf. Über 1000 englische Seeleute, unter ihnen auch Admiral Holland, fanden den Tod, mit ihnen Versank die Mär von der mächtigen Hood.

Fassungslos beobachtete man auf der *Bismarck*, aber auch der Prince of Wales, was soeben geschehen war. Die sofort danach abgesetzte Meldung „Hier Prince of Wales, Hood gesunken.

Volltreffer Mitschiffs." ging schnell um die ganze Welt.

Das Gefecht in der Dänemarkstraße hingegen lief mit ungeminderter Härte weiter. Der Donner der Geschütze zeriss die Luft, als die Prince of Wales in den Kampf zurückkehrte, nach dem sie nur knapp an der sinkenden Hood vorbeigelaufen war.

Ein Volltreffer in den Bug der *Bismarck* hingegen, holt die Deutsche in die Realität zurück. Das Schiff wurde durchgeschüttelt, Rauch stieg auf. Die fassungslosen Blicke auf der Brücke spiegelten die plötzliche Wende des Gefechts wider. Der Schaden am Bug könnte kritisch sein, dass war jedem sofort klar, der die aufsteigenden Rauchsäulen sehen konnte. Der nun für sich kämpfende Prinz erlitt schließlich einen verheerenden Treffer, direkt in die Kommandobrücke. Die Mannschaft auf der Brücke war sofort tot. Damit endete der erste Schlagabtausch auf See.

Die Stille nach dem Einschlag war durchzogen von den Rauchschwaden und dem stillen Leid der Überlebenden. Die Schlacht hatte einen weiteren hohen Tribut gefordert, und die Zukunft der ganzen Royal Navy hing nun an einem dünnen Faden, die Überlebenden mussten nun entscheiden, wie sie mit den Verlusten und den Konsequenzen dieser verheerenden Niederlage umgehen wollen. Das schwer getroffene britische Schlachtschiff hüllte sich in den aufsteigenden Rauch und zündete Nebelkerzen. In dieser Wand zog man sich schließlich zurück.

Auf der *Bismarck* herrschte großer Jubel. Der Admiral und Kapitän Lindemann tauschten Blicke der Anerkennung aus, während die Mannschaft die Ereignisse auf der Brücke mit Begeisterung verfolgte. Der Sieg in der Schlacht hatte ihre Moral gestärkt und die Hoffnung auf einen erfolgreichen weiteren Einsatz gefestigt.

Nichts blieb als sich die beiden Kontrahenten voneinander entfernten. Stille lag nun wieder über der See. Irgendwo dazwischen trieben die drei Glückseeligen die das Ende der Hood überlebt hatten. Nach Tagen der Unterkühlung sollten sie vom Zerstörer HMS Electra gerettet werden. Ganze 3 von 1421.

In England löste die Meldung von der Versenkung des britischen Schlachtschiffs Panik aus. Die Nachricht verbreitete sich rasend schnell, und die Bevölkerung war mit Sorge und Furcht erfüllt. Die Ausmaße des Schocks war in den Städten spürbar, während die Menschen versuchen, die Nachrichten zu verarbeiten und die Unsicherheit über die Zukunft ihres Landes zu bewältigen. Schon jetzt war die Versorgung der Insel kritisch geworden, Dönitz U-Boote zogen die Schlinge um das Land immer enger. Nicht auszudenken wenn Schiffe dieser Größe bis in den freien Atlantik vordrangen. Doch zumindest in Fachkreisen wusste man, was schon Holland gesagt hatte. Und so war die Hood am Ende nichts anderes gewesen als eine weitere Schimäre, eine vermeintliche Sicherheit hinter der man in Stellung und die sich plötzlich in Rauch auflöst, nichts hinterließ als Unverständnis und Panik. So war die Appeasement-Politik gewesen, so war auch die Maginot-Linie gewesen.

Die Medien auf der ganzen Welt berichteten über die dramatischen Ereignisse auf hoher See. Schlagzeilen in Zeitungen, Berichte im Radio und Nachrichten in der Wochenschau verbreiteten die Nachricht von der Versenkung des Schlachtschiffs und den schweren Verlusten.

Die Bilder des zerstörten Schiffes, aufgenommen von der Prince of Wales und die Berichte über die zahlreichen Opfer verstärken die weltweite Besorgnis.

Angst machte sich breit, nicht nur in England, sondern auch international. Die strategische Bedeutung des versenkten Schlachtschiffs und die Auswirkungen auf das Kräfteverhältnis auf See sorgten für Unsicherheit und Unruhe. Die Deutschen waren wieder da, auch auf See. Alliierte und neutrale Regierungen weltweit mussten auf die sich entwickelnde Situation reagieren und ihre Verteidigungsstrategien überdenken.

Captain Edwards persönlich empfing folglich den dringenden Anruf des Premierministers Churchill. Die rauchige Stimme des mächtigen Staatsmannes hallte durch den Telefonhörer, während er glasklare Anweisungen gab. Churchill befahl jedes verfügbare Mittel einzusetzen, um die beiden feindlichen Schiffe zu stellen und zu versenken. Die Worte des Premierministers trugen die Dringlichkeit der Lage, und Edwards fühlte die Verantwortung, die auf seinen Schultern lastete. "Jedes Mittel", wiederholte er sich leise, während er den Hörer sanft auflegte.

Bei den Deutschen herrschte eine Mischung aus Erleichterung und Jubel. Der Admiral und sein Kapitän Lindemann tauschten triumphierende Blicke aus, während die Mannschaft ihre Freude über den errungenen Sieg laut kundtat. Die Atmosphäre auf der Brücke war von Euphorie erfüllt. Die Freude über den Sieg überwog vorerst die Bedenken über mögliche Gegenangriffe und die Treffer. Auf dem Schlachtschiff breitete sich ein Gefühl der Stärke und Entschlossenheit aus, schließlich hatte die Technik den Ansprüchen genügt. Nun konnte man mit Fug und Recht behaupten über das modernste und stärkste Schiffe der Welt zu verfügen. Zumindest in der Welt des Alten Europas.

Während die Mannschaft weiterhin den Triumph feierte, bereitete sich die Führung darauf vor, die nächsten Schritte zu planen. Der Krieg auf See war unberechenbar, und man musste wachsam bleiben, um möglichen Herausforderungen standzuhalten. In diesem Moment jedoch überwog die Freude über den gewonnenen Sieg, und der Admiral und sein Kapitän genossen die seltene Atempause inmitten der Strapazen des Krieges, bei einer Flasche Cognac.

Die Diskussion flammte jedoch bald wieder auf als die beiden unterschiedliche Ansichten über die nächsten Schritte austauschten. Lütjens, getragen von der Euphorie des Sieges, schlug vor, nun bis nach England vor die Küste durchzubrechen und Handelsschiffe anzugreifen. Er sah die Möglichkeit, den erzielten Vorteil weiter auszubauen und den Druck auf den Feind zu erhöhen.

Lindemann hingegen, pragmatischer und besorgt über den Zustand ihres Schiffes, brachte die Bedenken bezüglich der erlittenen Schäden und des verlorenen Öls zur Sprache. Er argumentierte, dass es klüger wäre, umzukehren und das beschädigte Schiff zu reparieren, bevor weitere Risiken eingegangen werden. Durch einen Treffer Backbord Vorne lief Öl aus, man war durch die Spur nun leicht zu entdecken und zudem waren damit die meisten Treibstoffreserven der *Bismarck* vernichtet worden.

Nach einer hitzigen Debatte und unter Berücksichtigung der verschiedenen Standpunkte einigten sich der Admiral und der Kapitän schließlich darauf, umzukehren. Die Vernunft hatte gesiegt, und die Flotte würde sich vorerst zurückziehen, um die notwendigen Reparaturen vorzunehmen, wozu es nun galt einen Hafen im besetzen Frankreich anzulaufen.

Die Atmosphäre auf der Brücke war von einem Gefühl der Nüchternheit geprägt. Die Entscheidung, umzukehren, bedeutete, dass der Moment des offensiven Triumphs vorerst vorüber war. Auch die Rechtfertigung vor dem Oberkommando der Marine und unter Umständen sogar vor dem Führer für den Rückzug galt es, richtig einzuschätzen.

Der Befehl erging an die *Prinz Eugen*, sich aus dem Verband auszuklinken und eigenständig weitere Marineoperationen zu führen. Allerdings sollte auch die *Prinz Eugen* kein Glück in den kommenden Tagen haben. Nach erfolglosen Streifzügen und durch Unwetter erlittenen Schäden erreichte sie am 1.Juni das besetzte Brest.

Konrad saß wieder in seiner Kammer. In der gedämpften Atmosphäre der Unterkunft fanden Gespräche über den Sinn des Krieges statt. Kameraden versammelten sich, und ihre Gedanken wurden in leisen, nachdenklichen Tönen ausgetauscht.

Die Diskussionen drehten sich um die Motivation hinter den militärischen Aktionen, die Unsicherheit über die Zukunft und die persönlichen Überzeugungen jedes Einzelnen. Die Männer, die auf engem Raum zusammensaßen, teilten ihre Gedanken über den Preis des Krieges, die Opfer, die gebracht wurden, und die Hoffnung auf eine Welt ohne Konflikte.

Inmitten der Unsicherheit auf See und der ungewissen Zukunft spiegelten die Gespräche in

Konrads Kammer den Wunsch nach Verständnis und Sinn in einer Zeit des Chaos wider. Die persönlichen Überlegungen zu Moral, Pflicht und den Konsequenzen des Krieges fanden in den Worten der Seeleute Ausdruck.

Die Stunden vergingen in intensiven Gesprächen, während Konrad und seine Kameraden versuchten, einen Hauch von Klarheit in die undurchsichtige Realität des Krieges zu bringen. In der Enge der Kammer teilten sie nicht nur den Raum, sondern auch ihre Gedanken und Zweifel.

Der Befehlshaber der U-Boot-Flotte meldete sich einstweilen und bot an, dass die überall im Nordatlantik verstreuten U-Boote dem Schlachtschiff zu Hilfe kommen könnten. Lütjens empfing die Mitteilung mit gemischten Gefühlen und nahm die Möglichkeit nüchtern in Betrachtung, Unterstützung von den U-Booten zu erhalten. Nach einer kurzen Besprechung mit seinem Stab akzeptierte der Admiral das Angebot Die U-Boote wurden angewiesen, sich dem Schlachtschiff anzuschließen und gemeinsam gegen mögliche Bedrohungen vorzugehen, bis die *Bismarck* in sicherer Reichweite der Luftwaffe war.

Die Suffolk und die Norfolk hatten sich inzwischen wieder ins Gefecht begeben, um das feindliche Schlachtschiff einzuholen. Sie hatte eine den Deutschen unbekannte Kursänderung vorgenommen und versuchten nun, die Distanz zu verringern. Die Maschinen der beiden britischen Kreuzer liefen fast heiß, als sie versuchten aufzuholen. Ein eisiger Nordwind pfiff während die Mannschaften an Bord alles daransetzten, den Anschluss nicht zu verlieren.

Trotz aller Anstrengungen war die Geschwindigkeit der *Bismarck* beeindruckend. Sie kämpften gegen die Wellen und den aufgewirbelten Schaum, um den Rückstand zu verringern. Doch trotz ihrer Bemühungen gelang es den Deutschen, sich geschickt der Verfolgung zu entziehen. Die Enttäuschung auf den britischen Kreuzern war spürbar, während sie sich eingestehen mussten, dass die *Bismarck* vorerst außer Reichweite war.

Auf der *Bismarck*, die weiterhin durch die Wellen gen Frankreich pflügte, bemerkte Lütjens seinen eigenen Erfolg jedoch nicht. Die taktischen Manöver, die dazu führten, dass die "Suffolk" und die "Norfolk" den Anschluss verloren, waren Teil eines größeren Ganzen. Im Endeffekt hatte die *Bismarck* zurück gesetzt und hatte den gesamten englischen Verband über Westen umlaufen. Das die Tommies jedoch tatsächlich die Fühlung verloren hatten blieb ihm verborgen.

Lütjens konnte nicht wissen, dass die britischen Radargeräte viel zu schwach waren um ihn hier noch aufzuspüren. Er blickte nervös auf die blinkenden der deutschen Bordanlage – Seetakt – und meinte sich daher unter permanenter Beobachtung. In Wirklichkeit fingen die deutschen Sensoren nur noch schwache Reste auf. Viel zu gering um auch wieder zurück geworfen zu werden. In Unkenntnis dieser Lage herrschte eine angespannte Atmosphäre, während der Admiral die Karten studierte und die nächsten Schritte überlegte. Sein Blick war von Misstrauen geprägt, und die Sorge vor einer weiteren Verfolgung durch die britischen Streitkräfte bevor man in die Nähe der Küstenflieger kam nagte an ihm.

"Diese Engländer sind hartnäckig", murmelte der Admiral, ohne zu ahnen, dass seine geschickten Manöver erfolgreich waren und vorerst eine Verfolgung vermieden hatten. Die Überzeugung, von den britischen Schiffen verfolgt zu werden, führte dazu, dass er seine Flotte weiterhin auf Kurs hielt, bereit für weitere Konfrontationen, viel zu weit westlich, und viel zu umständlich als St. Nazaire direkt anzulaufen.

Captain Edwards unterdessen erkannte, dass die herkömmlichen Mittel zur Verfolgung wohl nicht ausreichten. In einem verzweifelten Akt griff er zum letzten verfügbaren Mittel: die Verbindung zur Force H in Gibraltar, wo ein britischer Flugzeugträger stationiert war.
In der Kommandozentrale des britischen Stützpunkts in Gibraltar schrillten die Alarmglocken, als die Meldung aus London einging. Der Kommandant des Flugzeugträgers erkannte die Dringlichkeit der Situation und reagierte unverzüglich.
Captain Edwards erkannte jedoch ebenso, dass bis zur Ankunft des Flugzeugträgers aus Gibraltar kostbare Zeit vergehen würde. In einem entscheidenden Schachzug nahm er Kontakt mit Admiral Tovey auf, der den letzten britischen Verband im Norden rund um den Flugzeugträger Victorios befehligte. Die Aussicht auf zusätzliche Hilfe stärkte die Hoffnung auf eine erfolgreiche Verfolgung des feindlichen Schlachtschiffs.
Er ordnete an, dass sein Verband vorerst nach dem feindlichen Schlachtschiff suchen sollte, um die Chancen auf eine rechtzeitige Intervention zu erhöhen. Die britischen Schiffe im Norden erweiterten ihre Suchrouten, per Funk übermittelten sie ständig Aktualisierungen, und die Ko-

operation zwischen den verschiedenen Verbänden verstärkte sich, um den Schatten des feindlichen Schlachtschiffs aufzuspüren.

Admiral Tovey war sich der Dringlichkeit bewusst und instruierte seine Flotte mit der Hoffnung, dass die kombinierten Anstrengungen der britischen Marine den Erfolg in diesem maritimen Irrsinn bedeuten würden. Tovey, in seiner Bestrebung, das feindliche Schlachtschiff schnell zu lokalisieren, fasste einen entscheidenden Beschluss. Er ordnete an, dass sich der Flugzeugträger aus einem Verband lösen sollte, um mit der "Victorios" und anderen Schiffen getrennt zu suchen. Diese Strategie sollte die Sucheffizienz steigern und die Chancen erhöhen, das feindliche Schlachtschiff zu finden.

Der stickige Raum des Admiralsquartiers der Victorios war erfüllt von der gespannten Atmosphäre einer bevorstehenden Entscheidung. Tovey, ein erfahrener Seemann mit graumeliertem Haar und tiefen Falten auf der Stirn, stand vor der großen Karte des Ozeans, auf der die Position des feindlichen Schlachtschiffs markiert war.

Inmitten der intensiven Suche nach dem feindlichen Schlachtschiff, hatte er schließlich eine kreative Idee, wie er zumindest eine Verlangsamung erreichen könnte. Er wollte die Farey Swordfish, eigentlich veraltete, Doppeldecker in Formation starten zu lassen um das feindliche Schiff mit Torpedos anzugreifen.

"Meine Herren", begann der Admiral mit einer Stimme, die keinen Widerspruch duldete, "wir haben ein Problem. Das feindliche Schlachtschiff bewegt sich schneller, als wir es für möglich gehalten haben. Unser Flugzeugträger wird es niemals einholen können."

Ein Gemurmel durchzog den Raum, während seine Offiziere nervös miteinander tuschelten.

"Sir, könnten wir nicht unsere schnelleren Zerstörer losschicken, um es zu verfolgen?" schlug ein junger Leutnant vor, doch der Admiral schüttelte den Kopf.

"Das Risiko ist zu hoch. Wenn sie entdeckt werden, sind unsere Zerstörer machtlos gegenüber der Feuerkraft des feindlichen Schlachtschiffs. Das haben wir übrigens bei der Sufflok und der Norflok bereits gesehen. Nein, wir müssen kreativer denken."

Leutant Thornton machte eine kurze Pause und stützte sich mit verschränkten Armen auf die Kante des Tisches. Sein Blick durchbohrte die Karte, als würde er nach einer Lösung suchen.

"Wir haben eine Handvoll veralteter Doppeldecker an Bord. Langsam, aber sie könnten unbemerkt bleiben. Die Luftaufklärung wird entscheidend sein, um das feindliche Schiff zu finden. Wenn wir es erst einmal lokalisiert haben, können wir unsere Flotte in Position bringen. Die Force H… einfach alles."

„Jedenfalls müssen wir sie abfangen bevor sie in Reichweite deutscher Verstärkung kommt. Die *Prinz Eugen* hat sich ja scheinbar verabschiedet."

Ein weiteres nervöses Gemurmel erfüllte den Raum, diesmal jedoch von Zweifel geprägt. Ein Kommandeur trat vor und wandte ein: "Sir, das sind Museumsschätze! Die könnten nicht mal einer Möwe folgen, geschweige denn einem Schlachtschiff!"

Der Admiral hob die Hand, um Stille zu gebieten. "Ich bin mir bewusst, dass es riskant ist, aber es ist unsere beste Chance. Wenn wir das feindliche Schlachtschiff nicht finden, könnten sie uns überrollen, bevor wir überhaupt die Chance haben, uns zu verteidigen. Und damit meine nicht das Duell mit der *Bismarck*. Ich erwarte volle Kooperation."

Man tauschte unsichere Blicke aus, aber der Entschlossenheit in den Augen Toveys konnten sie nicht widerstehen.

Die Männer an Bord der Doppeldecker, die sich eigentlich in einer Zeit der modernen Jagdflugzeuge wähnten, waren trotz allem Unmut bereit für diese Mission.

Die alten Vögel hoben in Formation ab, begleitet von dem typischen Surren der alten Motoren. Die Szene am Himmel war eine Mischung aus Nostalgie und moderner Kriegsführung, während die Piloten mit ihren veralteten Flugzeugen auf die gefährliche Mission zusteuerten. Die Hoffnung war, dass dieser kreative Ansatz die britische Marine einen Schritt näher an die Verlangsamung des verdammten Kahns bringen würde.

Die Piloten, trotz des Alters ihrer Flugzeuge, waren entschlossen, ihre Mission zu erfüllen. Über dem offenen Ozean formierten sie sich zu einer ungleichen Formation, die dennoch den Anschein von Einigkeit und Entschlossenheit vermittelte.

Die Luft war erfüllt von einem ohrenbetäubenden Dröhnen, als die fünfzehn Doppeldecker in einer Linie über dem glitzernden Wasser schwebten. Ihre Motoren röhrten kräftig, als sie sich dem gewaltigen Schlachtschiff näherten, das majestätisch durch die Wellen zog. An Bord der Flugzeuge herrschte angespannte Stille, die nur vom gleichmäßigen Brummen der Triebwerke durchbrochen wurde. Die Piloten wussten, dass sie sich in einer eigentlich hirnrissigen Mission befanden.

Die Doppeldecker waren mit leichten, aber tödlichen Torpedos bewaffnet, die sie unter sich trugen und dann ins Wasser abwerfen konnten. Ihr Plan war einfach, aber gefährlich: das Schlachtschiff angreifen und schwere Schäden mit ihren Torpedos anrichten. Natürlich war keine Versenkung zu erwarten, schließlich war dies kein Spielzeug-Schiff wie die Hood. Aber ein Schaden auf Antrieb oder Ruder würde schon genügen um die Deutschen aufzuhalten und Verstärkung heran zu führen.

Ein nervöses Flackern durchzog den Himmel, als die ersten Fontänen der feindlichen Flugabwehr um sie herum explodierten. Die Flugabwehrkanonen der *Bismarck* eröffneten das Feuer, und die Himmel färbten sich mit schwarzem Rauch und orangefarbenen Blitzen. Die Doppeldecker tauchten und wichen geschickt den Geschossen aus, während ihre Piloten ihre Nerven unter Kontrolle zu behalten versuchten.

„Halten … auf Kurs, Männer!", rief es über das knisternde Funkgerät. Die Flugzeuge formierten sich zu einer Angriffslinie und steuerten auf das imposante Schlachtschiff zu. Der Klang der Torpedoklappen wurde von einem gellenden Pfeifen begleitet, als die tödlichen Geschosse ins Wasser stürzten und mit gewaltiger Wucht auf das Ziel zurasten.

Die Flugabwehr der Deutschen intensivierte sich, und die Doppeldecker gerieten in ein mörderisches Kreuzfeuer. Geschosse pfiffen durch die Luft, während die Piloten ihre Maschinen in waghalsigen Manövern auf und ab steuerten, um den todbringenden Salven irgendwie zu entkommen. Und schon passierte es: Ein Doppeldecker wurde getroffen, ein kurzes Aufblitzen und er stürzte brennend ins Meer.

Die verbleibenden Flugzeuge setzten unbeirrt ihren Angriff fort. Der Himmel bebte. Das Schlachtschiff versuchte, den anstürmenden

Torpedos auszuweichen in dem man Zickzack-Kurs fuhr, aber die Piloten der Doppeldecker zeigten beeindruckende Flugkünste, um ihre tödliche Fracht auf Kollisionskurs zu halten.

Plötzlich durchbrach ein weiterer Doppeldecker die dichte Rauchwand und tauchte unmittelbar vor dem Schlachtschiff auf. Die Flugabwehr konnte nicht schnell genug reagieren, und der Torpedo traf sein Ziel mit einer gewaltigen Explosion. Eine gewaltige Stichflamme schoss in den Himmel, begleitet von einem ohrenbetäubenden Knall.

Die verbleibenden Doppeldecker zögerten nicht und setzten ihren Angriff fort, um die verbleibenden Schwachstellen des Schlachtschiffs auszunutzen. Die Flugabwehr des Gegners wurde dezimiert, aber nicht besiegt, und sie feuerte weiterhin verzweifelt auf die heranfliegenden Flugzeuge.

In ihrem verzweifelten Versuch, das Schlachtschiff zu verteidigen, feuerte die Besatzung nun auch Leuchtraketen ab. Doch die Doppeldecker ließen sich nicht aufhalten. Mit Präzision entkamen sie den Geschossen und warfen ihre verbliebenen Torpedos ab. Das Schlachtschiff wurde von mehreren Explosionen erschüttert, überall spritzte die Gischt aber doch wurden den die Deutschen nicht versenkt.

Jubel brach unter den Piloten aus, als sie sich vom Schlachtfeld entfernten. Die Mission war erfolgreich, aber nicht ohne Verluste. Die Doppeldecker kehrten, von Rauch umhüllt, zum Stützpunkt zurück, während die Sonne langsam unter dem Horizont verschwand und die *Bismarck* hinter ihnen zurückblieb, schwer angeschlagen, aber nicht besiegt.

Die Flugzeuge, die ihren Angriff durchgeführt hatten, kehrten in unregelmäßigen Formationen zurück. Die Piloten hatten alles gegeben, um das feindliche Schlachtschiff zu verlangsamen. Nun blieb abzuwarten, ob diese waghalsige und unkonventionelle Aktion den gewünschten Effekt auf das Schlachtschiff hatte und ob es den britischen Verbänden gelingen würde, es weiter zu verfolgen.

Es dauert nicht lange und der Atlantik wurde erneut zur Bühne dieses ungewöhnlichen Schauspiel. Die Torpedo-Flieger der zweiten Welle schwirrten und näherten sich dem Ziel, aber dieses Mal erwartete sie eine entschlossene Verteidigung. Die Flugabwehrgeschütze der *Bismarck* eröffneten das Feuer, und die Luft war erfüllt von Leuchtfeuer und Blei.

Die Doppeldecker, die lebensmüde durch diese Flugabwehr hindurchstürzten, zeigten schnell ihre Verwundbarkeit. Die Flugzeuge, von Geschossen durchlöchert, setzten ihre Torpedos ab und stürzten dann selbst in die Fluten.

Die Torpedos zogen ihre Wege durchs Wasser aber die Schäden am Schiff blieben begrenzt. Die meisten der Doppeldecker waren vom Himmel geholt worden bevor sie etwas ausrichten konnten, und die Männer auf dem Schlachtschiff beobachteten mit Respekt, aber auch mit etwas Verwunderung, den heroischen aber herzliche sinnlosen Einsatz dieser Piloten.

Die verbliebenen Sword-Fish, trotz der vorherigen Verluste, wagten einen erneuten Angriff auf das feindliche Schlachtschiff. Diesmal jedoch war das Schicksal den Doppeldeckern nicht gnädig. Die Flugabwehr zeigte ihre Überlegenheit. Ein Flugzeug nach dem anderen wurde vom Himmel geholt, durchlöchert von Geschossen und stürzte in die Tiefen des Ozeans, keiner blieb übrig.

Die Männer auf der *Bismarck*, die das dramatische Geschehen verfolgten, konnten die heldenhafte Opferbereitschaft der Piloten nicht übersehen. Der erneute Angriff endete mit schweren Verlusten, und die verbleibenden Doppeldecker zogen sich zurück ohne erkennbaren Schaden verursacht zu haben.

Nach dem erneuten erfolglosen Angriff der Doppeldecker versank allerdings der Admiral in einer tiefen Depression. Die schwere Last der Verantwortung lastete auf seinen Schultern, und das Gefühl der Machtlosigkeit gegenüber dem scheinbar überlegenen feindlichen Schlachtschiff nagte an seinem innersten Wesen.

In den stillen Momenten auf dem Deck des Schlachtschiffs, umhüllt von der Schwere der Niederlage, überkamen ihn düstere Gedanken und eine Vorahnung des Todes. Der unerbittliche Druck und die Aussichtslosigkeit dieser schwachsinnigen Mission schienen seinen Geist zu erdrücken. Er hätte über sich selbst hinauswachsen und diese Unternehmung unterbinden sollen.

In den folgenden Stunden vertiefte sich die Dunkelheit um den Lütjens weiter. Sein Quartier wurde zu einem einsamen Rückzugsort, wo die Schatten der Niederlage ihn umfingen. Der Klang der Wellen gegen den Rumpf des Schlachtschiffs schien eine traurige Melodie zu spielen, die die Gedanken des Admirals begleitete.

Die einfachen Seeleute, während sie weiterhin ihren Pflichten nachgingen, fühlten die Unsicherheit der Zukunft. Die ungewisse Lage und die Vorahnung des Todes hingen wie ein düsterer Schleier über dem Schlachtschiff.

Am nächsten Morgen durchschnitt Motorenlärm die Stille über dem Ozean als ein britisches Flugboot über Island in die Luft stieg. Die Maschine, von morgendlichem Licht umhüllt, machte sich auf die Suche nach dem verborgenen Schlachtschiff. Der Motor brummte monoton, während das Flugboot den Himmel durchquerte und die endlose Weite des Ozeans nach Anzeichen der Deutschen absuchte.

Der windgepeitschte Himmel erstreckte sich endlos über dem Nordatlantik, als das Flugboot durch die grauen Wolken schnitt. Der monotone Klang der Motoren drang durch die Kabine, während der erfahrene Pilot, Kapitän Edward Hall, die Maschine auf Kurs hielt. An seiner Seite saß der junge Navigator, Lieutenant Richard Foster, dessen Augen fieberhaft über die See-Karten huschten.

Ihr Auftrag war klar: Sie waren auf der Suche nach der *Bismarck*, die nun wieder irgendwo in den undurchdringlichen Gewässern versteckt war. Die Geheimdienstinformationen waren spärlich, und die einzige Gewissheit bestand darin, dass sich der Feind in dieser endlosen Weite versteckte.

Das Flugboot durchquerte eine eintönige Wolkenlandschaft, in der sich der Horizont mit den grauen Wolken zu vermischen schien. Die Sicht war begrenzt, und die beiden Männer in der Kabine waren auf ihre Instrumente und ihr Gespür für die Navigation angewiesen. Keine leichte Aufgabe. Ein Orientierungsfehler konnte schnell im Verbrauch sämtlichen Treibstoffs und damit in einer Notwasserung enden.

"Wo zum Teufel könnten die sich verstecken, Richard?" brummte der Kapitän, während er seine Augen auf die trüben Tiefen unter ihnen richtete.

Der Navigator runzelte die Stirn und tippte auf die Karte. "Es gibt so viele Inseln und versteckte Buchten. Es ist, als würden sie sich in einer unsichtbaren Festung verbergen. Vielleicht haben sie ja eine Haube übergezogen. Wahrscheinlich sind sie schon in Frankreich"

Die Stunden verstrichen, und die Spannung in der Kabine stieg. Die Besatzung des Flugboots war in Alarmbereitschaft versetzt, die Augen stets auf die Lauer nach einem Anzeichen des feindlichen Schiffes. Doch die monotone Landschaft bot keine Hinweise, und die Funkgeräte blieben still.

Als die Dämmerung heranbrach, wurde die Suche noch drängender. Die letzten Strahlen der untergehenden Sonne warfen einen rötlichen Schimmer über die Wolken, der die gesamte Szenerie in ein bedrohliches Licht tauchte. Kapitän Thornton starrte nachdenklich in die Ferne.

"Wir müssen zurückkehren, Richard. Vielleicht haben sie sich zurückgezogen oder sind in einem unbekannten Hafen untergetaucht. Wir können nicht endlos durch diese Wolkesuppe jagen."

Enttäuschung lag in den Augen des jungen Navigators, aber er nickte zustimmend. Das Flugboot drehte ab, und die Stern-Motoren brummten, als es durch die graue Wolkenlandschaft davonflog, ohne eine Spur des feindlichen Kriegsschiffs gefunden zu haben.

In der stählernen Kommandozentrale der *Bismarck*, weit entfernt von dieser eintönigen Szenerie, saß Lütjens. Ahnungslos von der intensiven Suche, die hoch über ihm in den Wolken stattfand, vertiefte er sich in die strategischen Pläne für die kommenden Stunden.

Die Männer an den Funkgeräten waren emsig damit beschäftigt, kodierte Nachrichten an die Heimat zu senden. Die Kommunikation war aufwendig, und die Funksprüche wurden nicht verschlüsselt. Lütjens, glaubte sich ohnehin verfolgt und konnte nicht ahnen, dass die Briten das Signal längst verloren hatten. Doch die ständigen Übertragungen verrieten die Position des Schiffs, unbemerkt von der Besatzung.

Im Flugboot hoch über den Wolken lauschten Kapitän Thornton und Navigator Foster auf ihre eigenen Funkgeräte, als plötzlich ein Brummen durch die Lautsprecher drang. Foster spitzte die Ohren, während die verschlüsselten Funksprüche in der Kabine widerhallten.

"Das ist es, Richard! Der sendet Funksprüche. Sie haben keine Ahnung, dass wir hier oben lauern. Wir können ihre Position entschlüsseln und sie endlich finden!"

Der junge Navigator nickte aufgeregt und begann, die empfangenen Signale zu analysieren. Die Codes wurden langsam entschlüsselt, und die Koordinaten des feindlichen Kriegsschiffs wurden sichtbar. Kapitän Thornton steuerte das Flugboot behutsam in die angegebene Richtung, die Spannung in der engen Kabine erreichte ihren Höhepunkt.

Die Wolken lichteten sich allmählich, und unter ihnen erschien die weite Oberfläche des Meeres. Die Silhouette des feindlichen Kriegsschiffs zeichnete sich deutlich gegen den Horizont ab, dahinter eine lange, lange Öl-Spur. Kapitän Thornton lächelte triumphierend.

"Wir haben sie, Richard! Senden Sie die Koordinaten an die Zentrale. Dies ist unser Moment." Zufrieden flog man davon.

Auf der *Bismarck*, die den Anflug des feindlichen Flugboots schließlich doch bemerkte, schlich ein beklemmendes Gefühl der Unruhe unter die Seeleute. Die Suche nach dem verborgenen Kriegsschiff schien intensiver zu werden, und die Vorstellung, von einem feindlichen Auge entdeckt zu werden, fügte der bereits belasteten Stimmung einen weiteren Schatten hinzu.

Es war eine lange Fahrt gewesen vom ewigen Fels von Gibraltar, bis hier her hinauf in den Norden, fast zurück an die britische Küste. In die Heimat also quasi. Der Flugzeugträger Ark Royal war zwar weit davon entfernt die modernste Einheit der Navy zu sein, aber seine Aufgabe erfüllte er dennoch. Jetzt galt es den aus dem Marine-Ministerium ergangenen und von Tovey dann ausgearbeiteten Befehl in die Tat umsetzen. Die *Bismarck* hatte die schwersten Einheiten der Royal Navy außer Gefecht gesetzt bzw schwer beschädigt. Dabei war sie selbst schwer getroffen worden, aber dennoch jedem Versuch der Stellung entkommen. Wenn sie jetzt unter den Schirm der deutschen Luftwaffe oder generell in die Reichweite der französischen Küste geriet dann war ihr der Durchbruch mehr oder weniger gelungen. Jederzeit konnte sie von Brest oder St. Nazaire wieder losschlagen.
Die Hitze auf dem Flugdeck des riesigen Flugzeugträgers war unerträglich. Die Sonne brannte gnadenlos auf das metallene Deck herunter, während die Piloten in ihren Doppeldeckern nervös auf ihre Einsatzbefehle warteten. Stundenlang hatten sie sich in dieser quälenden Hitze aufgehalten, und die Stimmung an Bord war gedrückt. Die Nachricht, dass sie die Spur der *Bismarck* wieder fast verloren hatten, hatte sich

wie ein düsterer Schatten über die gesamte Besatzung gelegt.

In den Cockpits der Doppeldecker saßen also nun die Piloten, ihre Helme auf dem Schoß, während sie gelangweilt auf die endlosen Wellen des Ozeans starrten. Das monotone Brummen der Flugzeugtriebwerke im Leerlauf verstärkte die Atmosphäre der Resignation.

Plötzlich schnarrte der Lautsprecher "Achtung, an alle Piloten, bereitmachen zum Start! Feind wurde gesichtet, und wir haben die genaue Position. Sofortige Startvorbereitungen! Alarm für alle Sektionen"

Ein elektrischer Schauer durchfuhr die wartenden Piloten, und ihre Augen weiteten sich vor Aufregung. Die gelangweilten Blicke wurden von einem Moment auf den anderen zu gebannten Blicken, während sich das Schiff wieder in Bewegung setzte.

Adrenalin durchströmte sie, und die zuvor gedrückte Stimmung wich einem Aufschwung der Entschlossenheit. Hastig setzten sie ihre Helme auf, während die Techniker die Gurte festzurrten und überprüften die Instrumente. Die Motoren der Doppeldecker wurden gestartet, und der ohrenbetäubende Lärm der Triebwerke erfüllte die Luft.

Einer nach dem anderen hoben die Doppeldecker ab, stiegen in den Himmel auf und formierten sich in einer beeindruckenden Formation. Jetzt, da sie die Gelegenheit hatten, ihrem Gegner entgegenzutreten, fühlten sich die Piloten wieder lebendig.

Die Sonne senkte sich langsam über den Horizont, tauchte das weite Meer in ein goldenes Licht. Die beiden Sword Fish schwebten majestätisch über den Wellen, die Propeller dröhnten im Takt der Motoren. In den Cockpits kämpften die Piloten allerdings gegen den eisigen Wind, der ihre Lederjacken durchdrang.

Sergant-Major Alex Becket blickte durch die klare Luft auf das endlose Blau unter sich. Sein Herz pochte vor Aufregung und Anspannung. Neben ihm flog Leutnant Rick Kelley, ein erfahrener Pilotin mit blondem Haar und einem stählernen Blick.

"Becket, siehst du irgendwelche verdächtigen Konturen da unten?", rief Kelley im Funk durch das Dröhnen der Motoren. Becket runzelte die Stirn und konzentrierte sich auf das weite Meer unter ihnen. Plötzlich, zwischen den Wolken, ragte die Silhouette eines massiven Kriegsschiffs empor. Er erstarrte für einen Moment, bevor er seinen Funk aktivierte.

"Leutnant, Ziel vor uns! Bereitmachen zum Angriff!"

Die beiden Doppeldecker senkten sich in einen Sturzflug, ihre Torpedos am Rumpf schon ausgeklingt. Das feindliche Schiff kam näher und näher, während der Lärm der Motoren das Aufheulen des Windes übertönte. Die Anspannung Beckets wuchs, als er den Finger am Abzug des Torpedos   hatte.
"Feuer! Feuer", brüllte Becket.

Die beiden Torpedos schossen hinab, rasten durch die Wellen und trafen präzise das Ziel. Doch zu ihrer Verwunderung explodierte nichts, das feindliche Schiff rührte sich nicht einmal. Stattdessen erklang eine Alarmglocke.

"Was zum Teufel...?"
Becket starrte auf das Kriegsschiff unter ihnen und bemerkte erst jetzt die eigenen Flaggen an Bord. Ein Blitz durchzuckte seinen Verstand, als die bittere Realität einschlug.

"Leutnant, das ist unser Schiff! Abbrechen, abbrechen!", schrie er in den Funk.

Panisch riss er das Steuer hoch, während Kelley seinem Beispiel folgte. Die beiden Doppeldecker stiegen in die Höhe, weg von ihrem vermeintlichen Feind. Die Funkstille wurde durch die Stimme ihres Staffelführers gebrochen: "Becket, Kelley, was zum Teufel habt ihr getan? Meldet euch!"

Er seufzte und drückte den Funkknopf. "Sir. Es war ein Missverständnis. Wir haben versehentlich unser eigenes Schiff attackiert. Das war wohl die Sheffield. Die Torpedos haben zum Glück nicht funktioniert … die Tordpedos haben nicht funktioniert …"
Fast teilnahmlos riss Becket den Steuerknüppel herum und brachte den Schwertfisch auf Heimatkurs. Der Versager beschäftigte ihn und lies ihn in einem eigenartigen Gefühl aus Unverständnis und Apathie zurück, während der Doppeldecker durch die Wolken davon raste.

Auf der Brücke mischte sich Ärger mit Erleichterung. Der Kapitän schüttelte den Kopf und brummte, "Zurück zur Basis für alle Einheiten. Wir klären das später mit den Technikern. Aber nächstes Mal … bitte vorher genau hinsehen."

Wenig später hatte Tovey seinen gesamten Stab sowie die Leiter der Bodenmannschaft versammelt.

"Das sind die neuesten Modelle in der ganzen Navy … die mit magnetischem Zünder. Sie sollten automatisch auf das feindliche Objekt reagieren. Aber hier liegt das Problem", erklärte einer der Ingenieure Tovey und zeigte auf eine kleine Komponente im Inneren des Torpedos.

"Der magnetische Zünder hat versagt. Ich kann nicht erklären, warum. Es sieht so aus, als wäre er komplett ausgefallen", fügte ein anderer hinzu. Die Gesichter der Anwesenden wurden ernster, während sie über mögliche Ursachen debattierten. Doch trotz aller Bemühungen konnten sie keine Lösung finden. Die Zeit drängte, und das Vertrauen in die modernen Torpedos schwand.

"Wir können nicht länger experimentieren. Die Missionen müssen fortgesetzt werden, und wir können es uns nicht leisten, auch noch mit fehlerhafter Ausrüstung zu operieren", sagte Tovey nachdenklich. Schließlich nickte er entschieden. "Wir wechseln zurück zu den älteren Torpedos mit Aufschlagzünder. Es ist zwar nicht so fortschrittlich, aber sie haben sich in der Vergangenheit bewährt."

Die Mechaniker begannen sofort damit, die älteren Torpedos vorzubereiten. Es war ein Rückschlag für die Technologie, aber die Sicherheit und Effektivität der Missionen hatten oberste Priorität. Becket und Kelley betrachteten die Szene schweigend, während ihre Doppeldecker für die nächste Mission vorbereitet wurden.

Die Sonne war inzwischen untergegangen, und der Himmel färbte sich in dunklen Blautönen. Die Basis erwachte zu nächtlichem Leben, während die Vorbereitungen für den nächsten Einsatz im Gange waren.

Die aufgehende Sonne tauchte den Himmel über dem tosenden Ozean in ein tiefes Rot. Die Schwertfisch-Flugzeuge der Ark Royal stiegen wieder auf, bereit für den verzweifelten Angriff auf das mächtigste Schlachtschiff seiner Zeit, das irgendwo in den dunklen Wellen ruhte.

In einem der wendigen Flugzeuge klammerte sich der junge Pilot, Captain James Harper, fest an das Steuer, während er den Himmel nach feindlichen Zielen absuchte. Die raue Brise durchzog sein Haar unter Fliegermütze, und sein Herz raste vor Aufregung, Angst natürlich gleichermaßen. Plötzlich tauchte das Schiff vor ihnen auf. Sofort gingen die, eigentlich total starren Swordfish, in einen äußerst agilen Manöverflug über, stiegen auf, reihten sich fast ineinander und stießen dann auf das Schiff hinunter.

Währenddessen unten auf der *Bismarck*, stand Konrad auf dem Deck und starrte fassungslos in den Himmel. Die Explosionsgeräusche und der Donner der Geschütze vermischten sich zu einem makaberen Schauspiel. Die Torpedo-Flugzeuge tauchten wie hungrige Adler auf das Schiff herab.

„Alle Mann an ihre Positionen!", brüllte ein Obermaat, während schon das Deck bebte. Die Kanonen der *Bismarck* spieen Flammen und Geschosse in den Himmel, aber die kleinen feindlichen Flugzeuge waren viel zu wendig. „Leider" waren sämtliche Geschütze und sogar die Flugabwehr der Deutschen auf einen direkten Großangriff ausgelegt worden. Die kleinen alten Flieger schlüpften einfach hindurch.

In der Luft führte Captain Harper seine Maschine durch gefährliche Manöver, versuchte den Angriffen der Feinde zu entkommen. Sein Flügelmann wurde von einer feindlichen Salve getroffen und stürzte brennend ins Meer. Doch der junge Pilot konnte nicht innehalten, er musste weiterkämpfen.

Auf dem Schlachtschiff kämpfte Konrad mit zitternden Händen darum, eine Ladung für eine der Kanonen bereitzustellen. Die Luft war erfüllt von Rauch und Schreien der Verwundeten. Ein feindliches Flugzeug tauchte direkt vor ihnen auf und feuerte die Bordwaffen ab. Konrad sprang zur Seite, das ganze Lade-Deck wurde von Kugeln durchsiebt, doch man hielt Stand.

Mit letzter Kraft und verzweifeltem Mut verschoss Harper einen Torpedo nach dem anderen. Sein Herz hämmerte, als er sah, wie seine Kameraden einer nach dem anderen fielen. Doch er konnte nicht aufgeben.

Die Sonne war mittlerweile verschwunden, und die Dunkelheit legte sich über das Schlachtfeld. In der Luft und auf dem Wasser wurde unvermindert weiter gekämpft. Nicht mehr lange und der Vorteile wäre auf Seiten der Deutschen.

Während die Doppeldecker unvermindert durch das Speerfeuer der Flak stießen durchstreiften die Matrosen auf der *Bismarck* die düsteren Gänge und Decks. Ihre Taschenlampen durchschnitten den Rauch und den Nebel, der durch die diversen Einschläge und Explosionen entstanden war. Ihre Schritte hallten in den engen Gängen wider. Konrad, der zuvor noch mit zitternden Händen an der Kanone gestanden hatte, übernahm nun die Verantwortung für die Schadenskontrolle. Zusammen mit seiner Gruppe durchkämmte er jeden Winkel des gewaltigen Kriegsschiffs. Der Geruch von Öl und Rauch lag schwer in der Luft.

Die Taschenlampen beleuchteten nur schwach die fahlen Gänge, während Konrad die Männer anwies, nach Rissen und Beschädigungen Ausschau zu halten. Die schwankenden Bewegungen des Schiffes machten ihre Aufgabe nicht leichter. Plötzlich wurde einer der Matrosen auf einen Abschnitt aufmerksam, wo der Boden leicht nachgab.

„Hier!", rief er und leuchtete auf eine Stelle, an der der Metallboden gewölbt war. Konrad trat näher und kniete sich nieder, um den Schaden zu inspizieren. Ein Lächeln huschte über sein Gesicht, als er feststellte, dass es sich nur um eine leichte Verformung handelte, die keine strukturellen Schäden verursacht hatte.

„Gut gemacht, Männer. Das ist kein Grund zur Sorge", sagte er erleichtert. „Setzt die Reparaturmannschaften in Bewegung. Wir haben keine Zeit zu verlieren."

Zur gleichen Zeit in der Luft kämpfte Captain James Harper weiterhin erbittert gegen den deutschen Bleiregen. Sein Doppeldecker wurde mehrfach von Kugeln getroffen, aber er konnte sich geschickt dem endgültigen Absturz entziehen. Als er im Abflig einen Blick auf das Schlachtschiff unter sich warf, sah er mit Bestürzung, dass es unversehrt geblieben war.

Eine Gruppe JU88 raste mit ohrenbetäubendem Lärm die Küste entlang. Der Anführer der Staffel, Rittmeister Wolfram Brahm, spürte das Adrenalin in seinen Adern pulsieren. Der Himmel war in atemberaubenden Farben gemalt, doch die Mission war todernst. Vor ihnen, in der dunklen Silhouette des Horizonts, war irgendwo ein deutsches Schiff in Not und brauchte dringend Unterstützung gegen eine feindliche Übermacht.
Die Motoren heulten auf, als die Flugzeuge sich synchron in Formation brachten. Die salzige Meeresluft drang in die Cockpits ein, während er den Steuerknüppel fest umklammerte. Irgendwo da draußen tobte der Kampf und sie sollten ihn entscheiden.
Plötzlich wurde die JU von einem heftigen Schlag durchgeschüttelt. Das Flugzeug zitterte, als ob es von einer unsichtbaren Hand gepackt wurde. Rauch stieg um ihn herum auf, während

er plötzlich die Kontrolle zu verlieren drohte. Mit all seiner Erfahrung kämpfte er gegen die unbarmherzige Kraft, die an seinem Flugzeug zerrte.

"Ich wurde getroffen!", schrie Brahm in das Funkgerät. Er blickte sich um, seine drei Kameraden hingen teilnahmslos in den Sitzen. Sein Herzschlag übertönte den Lärm der Motoren, als er versuchte, das Flugzeug auf Kurs zu halten. Die anderen Flugzeuge rasten vorbei, während er sich verzweifelt bemühte, die Kontrolle zurückzugewinnen.

Er erkannte die dunklen Gebilde, die wie furchterregende Schatten heranschossen. "Verdammt! Feindliche Jäger im Anflug! Alle Männer, konzentriert euch auf die Verteidigung!"

Eine weitere Explosion riss die JU durch die Luft, und er spürte, wie sein Flugzeug von einem Treffer erschüttert wurde. Rauch waberte um ihn herum, während die Instrumente wild blinkten.

Die anderen Flieger der Staffel kämpften ebenso verzweifelt, doch die Übermacht der Feinde war erdrückend. Spitfires, Hurricanes und sonstwas schoss von allen Seiten auf die kleine Staffel herab. Einer nach dem anderen wurden die Flugzeuge getroffen, explodierten in einem Feuerball oder stürzten rauchend in die tobenden Wellen, wenn sie sich nicht schon vorher zerlegt hatten.

Inmitten des Chaos kämpfte Brahm weiter, sein Flugzeug schwer beschädigt, aber sein Wille ungebrochen. Ein weiterer Treffer schlug in die Maschine ein, und der Horizont drehte sich vor seinen Augen. Das Meer kam bedrohlich näher.

"An alle gesamte Staffel Anflug abbrechen. Notausstieg wenn nötig! Wir sehen uns auf der

anderen Seite!", rief der Rittmeister, während in
den Funk er den Schleudersitz auslöste. Die Kabine wurde von einer kontrollierten Explosion
zerrissen, und er wurde in den Himmel geschleudert. Der Fallschirm entfaltete sich über
ihm, und er segelte langsam hinab, während der
erbitterte Luftkampf über dem Ozean hinter ihm
weiter wütete.

Ein tiefer Schatten legte sich über das tosende
Meer, in dem die deutschen Piloten und ihre
Flieger schließlich versanken, als der letzte Funken des heldenhaften Widerstands verblasste.

Im tiefen Wasser des Atlantiks, in diesem Fall
irgendwo auf halben Weg vor der französischen
Westküste, in undurchdringlicher Dunkelheit
hatte ein U-Boot außer dem einen oder anderen
Schwertfisch meist nicht allzu viele Begleiter.
Das monotone Brummen der Maschinen vermischte sich mit dem dumpfen immer zu hörenden Rauschen des Wassers, gelegentlich horchte
man auf wenn etwas gegen den metallenen
Rumpf schlug. In der Enge des U-Bootes
herrschte eine stets gespannte aber gar nicht so
unangenehme Stille, unterbrochen nur von den
gedämpften Stimmen der Besatzungsmitglieder, die sich in ihren engen Kojen aufhielten
oder an den Kontrollkonsolen vor sich hin werkten.

Plötzlich durchzuckte eine Enigma - Meldung
die Stille. Der Funkempfänger flackerte auf und
eine aufgeregte Stimme durchbrach die Eintönigkeit auf der Brücke.

"U129, hier spricht Kommando BDU. Dringende Hilfe benötigt. Feindliche Zerstörer im Anmarsch auf *Bismarck*. Sind schwer getroffen.
Wiederhole, brauchen dringend Unterstützung!"

Kapitänleutnant Müller, ein erfahrener Seemann mit grauen Schläfen und entschlossenen Augen, eilte zur Funkstation. Seine Stirn legte sich in tiefe Falten, als er die Nachricht hörte. Neugierige Nasen starrte aus diversen Luken nun gebannt auf den Kapitän, während der sich mit dem Funkgerät abmühte.

"BDU. Verstanden, wir eilen zur Hilfe. Keine Torpedos mehr. Treibstoffreserven sind knapp. Bestätigen Sie."

Die Antwort kam sofort, begleitet von einem Hauch von Panik in der Nachricht.

"Haben keine Zeit. Bitte, wir halten nicht mehr lange durch. Wir zählen auf euch. Versucht, so schnell wie möglich hier zu sein. „

Die Nachricht hallte durch das U-Boot wie ein unheilvoller Klang. Müller wandte sich an seinen Stellvertreter, 1WO Wolfgang Ott.

"Wir haben keine Wahl. Bereiten Sie das U-Boot auf den Aufstieg vor. Wir müssen zur Position, so schnell es geht. Setzen Sie alles daran, die letzten Reste an Treibstoff zu mobilisieren. Jeder Tropfen zählt. Später kann ja die Milchkuh aufschließen"

Die Besatzung eilte panisch zu ihren Posten, und das U-Boot begann seinen gefährlichen Aufstieg. Die düsteren Tiefen des Ozeans wurden verlassen, während sich die Männer an Bord auf das absolut Unbekannte vorbereiteten. Ein Schlachtschiff „freizukämpfen" war wirklich keine alltägliche Aufgabe.

Das U-Boot kämpfte sich mühsam durch die dunklen Wasserschichten empor, als plötzlich ein ohrenbetäubendes Geräusch durch den metallenen Rumpf drang. Die Männer an Bord wurden von einem heftigen Ruck geschüttelt, und das U-Boot schwankte gefährlich zur Seite.

Kapitänleutnant Müller klammerte sich an die Konsole und brüllte: "Alle Mann, festhalten! Was zum Teufel war das?"

Fischer starrte auf den Radar-Monitor und seine Augen weiteten sich vor Schreck. "Feindliches Kriegsschiff direkt über uns, Herr Kapitän! Wir wurden beinahe gerammt!"

Die Besatzung wurde von Panik ergriffen, als das U-Boot noch einmal umhergeschleudert wurde. Müller behielt jedoch die Fassung. "Ruhig bleiben, Männer! Stabilisieren Sie das U-Boot. Funkstille."

Nach einer mehr als bedrückenden Stunde, setzte das U-Boot seinen gefährlichen Aufstieg fort. Jeder Augenblick zählte, und die Männer an Bord wussten, dass sie sich nun in einem tödlichen Versteckspiel mit dem Feind befanden. Als das U-Boot schließlich die Wasseroberfläche durchbrach, lag die Position der *Bismarck* nur noch wenige See-Meilen entfernt.

"Funker, melden Sie der *Bismarck*, dass wir in Sichtweite sind. Wir werden unser Bestes tun, um sie zu verteidigen."

Die Männer an Bord des U-Boots spürten die Anspannung in der Luft, als das U-Boot sich der in Not befindlichen *Bismarck* näherte. Doch bevor sie sich darauf vorbereiten konnten, das verbündete Kriegsschiff zu verteidigen, durchschnitt das schrille Heulen von Flugzeugmotoren die Stille. Die Besatzung erstarrte, als ein feindliches Flugboot im Tiefflug heranraste.

"Alarm! Alle Mann, Alarm! Tauchen! Tauchen!" brüllte Kapitänleutnant Müller, während das U-Boot von der Oberfläche des Ozeans auf und ab schaukelte. Die Männer eilten zu ihren Stationen, doch die Zeit schien wie eingefroren, als das feindliche Flugzeug bereits seine tödliche Fracht abließ. Eine Wasserbombe setzte nur knapp neben dem Rumpf um. Die gewaltige Explosion schickte Schockwellen durch das ganze U-Boot. Es krachte und Wasser drang bereits durch Lecks von allen Seiten, Panik breitete sich aus. Sofort erloschen alle Lampen. Müller kämpfte sich durch die Dunkelheit und schrie durch den Lärm: "Alle Mann, evakuieren Sie das U-Boot! Rettungswesten an! Sofort!"

Die Männer stürmten zum Turm, während das U-Boot langsam Richtung Tiefe sank. Die Lichter flackerten noch einmal, die letzten Kontrollkonsolen erloschen, und die Männer wurde von der salzigen Kälte des eindringenden Wassers umschlungen.

Im eiskalten, undurchdringlichen Dunkel des Atlantiks versank das U-Boot, während nur wenige Kilometer weiter die *Bismarck* weiterhin verzweifelt kämpfte. Die Männer, die sich in die eisigen Fluten stürzten, sahen sich der Realität ihres gefährlichen Einsatzes gegenüber – ein weiteres tragisches Kapitel, das in den Tiefen des Ozeans sein vorzeitiges Ende fand.

Die Dämmerung lag schon über dem Himmel, als die majestätischen Sword-Fish, von neuen, mutigen Piloten gesteuert, in einem erneuten und letzten waghalsigen Angriff auf die *Bismarck* zusteuerten.

Die Flieger, umkreisten das Schiff in der anbrechenden Dunkelheit. Auf ihrem breiten Rumpf trugen sie Torpedos. Über den Wellen hallte das grollende Brüllen der Motoren wider, als sie sich dem gewaltigen Metallungetüm näherten.

Mit einem donnernden Knall eröffnete die *Bismarck* das Gefecht und spuckte einen Funkenregen aus Glut, der die Nacht erhellte. Explosionen ließen den Himmel aufleuchten, als die

Doppeldecker in einem regelrechten Sturzflug auf das Schiff hinabstürzten. Die Piloten steuerten ihre geflügelten Gefährten mit furchtloser Entschlossenheit, während die ersten Bomben präzise auf das Deck des Schlachtschiffs prasselten.

Doch das Schiff war nicht kampflos. Gewaltige Kanonen entfesselten nun ihre Zerstörungskraft, und die Himmel erbebten unter dem Klang. Die Flieger stoben auseinander und wirbelten durch die Luft, ihre Flügel zitterten im turbulenten Gefecht. Rauchschwaden vermengten sich mit den Funken, während die ersten Piloten schon umkehrten und versuchten, den vernichtenden Salven des Schiffes zu entkommen. Einige wurden schon von den ersten wütenden Attacken getroffen und stürzten in die Tiefe des Meeres. Das Wasser loderte in einem brodelnden Inferno auf, als die Überreste der tapferen Piloten verschluckt wurden. Die Schlacht tobte weiter, ein Tanz aus Feuer und Stahl, zwischen Himmel und Wasser.

Alle kämpften sie mit gewohnt heroischer Entschlossenheit, die Geschütze spien Feuer und Tod, während das Schiff verzweifelt versuchte, sich gegen die unerbittliche Attacke zu verteidigen. Eine Geschichte von Tapferkeit, Opfer und Tod, würdig den großen Dramen 19. Jahrhunderts und doch war niemand hier, der dabei auch nur eine Spur von Romantik empfand.

Ein triumphaler Jubel hingegen durchdrang die Luft, als einer der präzise platzierten Torpedos das Ruder des gewaltigen Schlachtschiffs traf. Ein ohrenbetäubender Knall durchzitterte die Nacht, begleitet von einem grellen Lichtblitz, als das Heck der *Bismarck* in einem Flammeninferno aufging. Die Flieger umkreisten das nun hoffentlich endlich manövrierunfähige Schiff, dessen Schicksal mit diesem Moment der Verwundbarkeit wohl endlich besiegelt schien.

Das Schlachtschiff, nun gefangen in quälender Unfähigkeit, konnte nur noch im Kreis fahren. Die Kanonen an Bord, die einst eine tödliche Gefahr darstellten, waren nun machtlos gegen die wendigen Flieger, die ihre Angriffe mit noch größerer Präzision und Agilität entfesselten. Der Himmel erleuchtete sich erneut, als die Torpedo-Flieger nun ihre Flammen speienden Attacken verstärkten und mit den Bord-Waffen auf die Deckaufbauten zuhielten.

Die Piloten auf den Rücken ihrer geflügelten Verbündeten erkannten die entscheidende Schwäche des einst überlegenen Schiffes. Mit geschickten Manövern und koordinierten Angriffen zwangen sie es, seinen endlosen Kreislauf beizubehalten. Feuer und Zerstörung regneten auf das Schiff nieder. Verzweifelte Rufe und der Geruch von verbranntem Pulver erfüllten die Luft.

Die erbärmliche Szene, in der das einst so mächtige Schlachtschiff hilflos im Kreis fuhr, wurde zu einem eindrucksvollen und noch lange später überlieferten Bild von Sieg und Überlegenheit. Veraltete Doppeldecker beherrschten nun die Lüfte und schrieben Geschichte über die angeblich modernste Technik der Welt, die noch lange vor den Tiger-Panzern nur eine weitere Ausgeburt von Hitlers Wahn gewesen war. Zu groß, als Einzelstück in Summe zu wenig und vorallem: zu spät. Eine Schimäre, entsprungen einem Hirn das längst dabei war den Verstand zu verlieren. Die Männer aus der *Bismarck* büßten für diese Verfehlung nur lange vor allen anderen. Lange vor El-Alamein, Stalingrad oder Berlin.

Dann waren die Doppeldecker wieder fort. An Deck des geschundenen Schiffes herrschte eine gedämpfte Atmosphäre. Lütjens ,einst stolz und entschlossen, wandelte nun durch die tristen Korridore seines Schiffes. Seine Schultern, einst aufrecht, lasteten nun unter der schweren Bürde des Scheiterns. Taucher versuchten immer wieder, die zerstörte Anlage wieder zu richten und den Schaden zu beheben. Ihre Berichte jedoch brachten keine Erleichterung für den zerschlagenen Kapitän. Der Schaden war zu weitreichend, die Mechanik zu zerstört. Das Schiff konnte nicht mehr repariert werden, zumindest nicht mit Bordmitteln.

Lindemann, ebenfalls umhüllt von einem düsteren Schatten, gab sich die Schuld für das absehbare Scheitern. Jede Entscheidung, jeder Befehl schien nun eine falsche Wendung genommen zu haben, besonders die vorzeitige Feuereröffnung. Seine einst klaren Gedanken waren von Selbstzweifeln und Reue durchzogen. Er fühlte sich verantwortlich für den Verlust nicht nur des Schiffes, sondern auch für das Leben derer, die es jetzt treffen würde.

Die Besatzung beobachtete ihren einst so respektierten Anführer mit besorgten Blicken. Das Schiff, einst ein Symbol der Stärke und Macht, trieb weiterhin ziellos im Kreis. Wenn man sich schon auf die Führung verlassen konnte, die immerhin ihren peinlichen internen Konflikt vor aller Augen ausgetragen hatte, dann doch wenigstens auf die Technologie. Wenn diese auch nicht mehr konnte, wo sollte man dann noch hin? So verweilte jeder für sich, gefangen in einem Labyrinth aus Schuldgefühlen, während das Schiff im Kreis fuhr, eine endlose Runde der Selbstzerstörung. Kämpfen bis zum Untergang, das klang immer so ehrbar. Aber was machte es schon am Ende? Der Schatten des Versagens hüllte das Deck ein, während die Sonne ihren müden Lauf am Horizont vollzog, als ob sie das Ende eines Zeitalters verkündete.

Geliebte, Margarete

Die Wogen des Schicksals haben uns an einen düsteren Ort geführt, weit entfernt von den sicheren Ufern unseres gemeinsamen Lebens. In dieser Stunde, in der die Zukunft unsichtbar und die Gegenwart von Sturm und Unsicherheit geprägt ist, möchte ich dir meine Gedanken und Gefühle mitteilen.

Unser Schlachtschiff hat Schaden erlitten, den wir nicht so schnell beheben können. Die Nachrichten sind nicht vielversprechend, und der Ausgang dieses Kapitels bleibt in den Händen des Schicksals.

Wir werden kämpfen wie es unsere Pflicht ist. Es ist, ich will ehrlich sein, wohl aussichtslos. Doch wer kämpft der kann auch verlieren, wer nicht kämpft hat schon verloren.

Wenn diese Worte dich erreichen, bin ich mir bewusst, dass sie von einem Ort der Unsicherheit und möglicherweise des Abschieds kommen. Die Liebe, die wir geteilt haben, war das Leuchtfeuer in dunklen Nächten und der Anker in stürmischen Zeiten.

Ich erinnere mich an die ruhigen Tage, an das Lachen und die gemeinsamen Träume, die uns durch die Jahre begleitet haben. Du warst und bist der Hafen meines Herzens, und die Erinnerung an unsere gemeinsame Reise wird immer in meinem Innersten verankert sein. Aber keine Sorge, ich bin nicht allein. Wir sind hier zahlreich. Was wir gesprochen haben, möge bald vergessen sein. Aber unsere Taten, werden noch nachhallen. Nachhallen für Tausende Jahre. Wir bleiben unvergessen. Und nichts kann mich glücklicher machen, als in treuer, wenn auch harter Pflichterfüllung dahin zu gehen und meinen Kindern aber auch allen anderen kommender Generation als auf-

rechtes Beispiel der Pflichterfüllung zu gelten...bis zum Ende.

Es gibt keine Gewissheit in diesen Zeilen, außer der Tatsache, dass du mein Herz in all den Jahren innehattest. Wenn das Schicksal es so will, dass dies unser Abschied ist, dann möge unsere Liebe als Erinnerung an die schönsten Sonnenuntergänge in deinem Herzen verweilen.

Möge das Licht unserer gemeinsamen Liebe immer über den Wellen der Zeit leuchten.

In Liebe, dein dir ergebener Gatte Günther

Im düsteren Laderaum des Schlachtschiffs, wo das schwache Licht nur mühsam seinen Weg fand, lag Konrad gemeinsam mit anderen erschöpften Matrosen auf improvisierten Schlafstätten aus groben Decken und Seesäcken. Der Geruch von Salz, Maschinenöl und Müdigkeit hing schwer in der Luft, während die Männer in ihren verdreckten Uniformen die Augen schlossen, um wenigstens für einen kurzen Moment der Erschöpfung nachzugeben.

Die Enge des Laderaums spiegelte die Bedingungen wider, unter denen die einfache Besatzung ihre Tage verlebte. Matrosen, die Seite an Seite in der Dunkelheit ruhten, trugen die Spuren von endlosen Stunden harter Arbeit und intensiven Gefechten viel eher als die Offiziere auf der Brücke, die aber wieder alles in der Hand hatten. Das Rauschen der Wellen draußen und das leise Knarren der Gerätschaften da und dort begleiteten sie in ihre müde Ruhe.

Konrad, in seiner verdreckten Uniform, fand in diesem Moment der Ruhe einen flüchtigen Rückzug vor den Herausforderungen des Tages. Der Klang des schnaufenden Atems seiner Kameraden, das sanfte Schaukeln des Schiffes und das gedämpfte Murmeln einiger, bildeten den

Hintergrund für einen unruhigen Schlaf inmitten der Unwägbarkeiten dieser Unternehmung.

Die Dunkelheit des Laderaums verschluckte die Müdigkeit und die Sorgen vorübergehend, während sie sich darauf vorbereiteten, das Ruder des Lebens ein letztes Mal in die Hand zu nehmen, sobald der Morgen anbrach.

Konrad zog vorsichtig ein zerknittertes Foto aus seiner Tasche, das die strahlenden Züge seiner Verlobten einfing. Das Bild, schon ordentlich abgegriffen, hielt einen kostbaren Augenblick fest, der in Konrads Herzen einen Funken von Hoffnung und Erinnerung entfachte.

Das Gesicht seiner Verlobten auf dem Foto schien in diesem düsteren Umfeld regelrecht, aufzuleuchten. Der Ausdruck von Liebe und Glück strahlte trotz der Umstände, als ob ihre Augen alles durchdringen könnten. Konrad betrachtete die feinen Details des Bildes, als könnte er durch die Fotografie hindurch den Trost und die Verbindung zu seiner Geliebten spüren.

Die Müdigkeit und die Erschöpfung verschwanden für einen Moment, als Konrad sich an die Momente der Zweisamkeit erinnerte, die dieses Bild repräsentierte. Der sanfte Duft des Papiers weckte Erinnerungen an ruhige Tage und gemeinsame Träume, die fernab der stürmischen See und der brüllenden Kanonen lagen.

Es war ein kleiner Akt der Flucht aus der harten Realität, eine Verbindung zu einem Leben, das er hoffte, nach all dem überstehen zu können.

Die Wellen des Ozeans draußen mochten toben, aber in Konrads Händen war das Bild seiner Verlobten ein ruhiger Hafen, der ihn durch die stürmischen Nächte begleitete. In diesem Moment der Stille und Besinnung verband er sich erneut mit den Versprechen der Liebe und der Hoffnung, die auf dem Foto eingefangen waren. Wie, wenn man es genau nahm, die meisten einfachen Soldaten interessierte ihn der Krieg am Ende herzlich wenig. Nur nachhause kommen und alles am letzten Tag dieser unseeligen Auseinandersetzung gut überstanden zu haben, diese Gewissheit trieb ihn und seine Kameraden an.

Mit dem Anbruch des Morgens enthüllte die aufsteigende Sonne allmählich die Konturen des sturmgepeitschten Meeres. Die ersten zarten Strahlen durchdrangen die Nacht und malten goldene Streifen auf die Oberfläche der Wellen. Der neue Tag brach an, begleitet von der Melodie der See und den Geräuschen des erwachenden Schlachtschiffs. Vorbote, dass auch dieser Tag in malerischer Kulisse nur wieder Tod und Verderben bringen würde.

Im dreckigen Laderaum, wo die Matrosen in müdem Schlummer verweilten, drang das schüchterne Morgenlicht durch kleine Ritzen. Die Männer, durch den Schlaf nicht wesentlich gestärkt, begannen langsam zu erwachen, ihre Körper längst unumkehrbar ermüdet. Konrad, der das Foto seiner Verlobten behutsam wieder in die Tasche steckte, richtete sich auf und nahm die Geräusche des erwachenden Schiffes in sich auf. Die Stille der Nacht wich den Vorbereitungen für einen weiteren Tag auf hoher See, geprägt von Unsicherheit und vager Pflichterfüllung für etwas, das man seit längerer Zeit schon nicht mehr verstand.

Die Brise, die durch die offenen Luken strömte, trug den Geruch des Meeres und der Herausforderungen mit sich. Die Matrosen begannen, sich aus den provisorischen Schlafstätten zu erheben, die müden Glieder zu strecken und sich auf die bevorstehenden Aufgaben vorzubereiten. Oben auf dem Deck würde die Kommandozentrale erwachen, und der Admiral würde erneut in die Augen der Unsicherheit blicken und dennoch versuchen sich nichts anmerken zu lassen. Doch in diesem Augenblick des Morgens, bevor die Pflichten riefen, lag eine fragile Ruhe über dem Schlachtschiff, als ob die Welt für einen Moment den Atem anhielt und darauf wartete, was der neue Tag bringen würde.

In seinem Bunker in London, ebenso von der Erschöpfung des dauernden Schlafentzugs gezeichnet, saß Captain Edwards an einem improvisierten Schreibtisch, auf dem man ihm zusätzliche Telefon und Fernschreiber aufgebaut hatte. Die See-Karten des Nordatlantiks und ein ganzer Stapel Berichte über das feindliche Schlachtschiff breiteten sich vor ihm aus, während das gedämpfte Licht einer Öllampe die Umrisse seines müden Gesichts beleuchtete.

Die Nacht ohne Pause hatte ihre Spuren hinterlassen, doch in den Augen des Captains spiegelte sich Entschlossenheit wieder, die Sache nun zu vollenden. Die Herausforderungen der letzten Tage mochten ihn vielleicht physisch ermüden, aber sein Geist war auf den letzten Akt vorbereitet. Mit einem tiefen Seufzer und einem Schluck Ansam Tee, der allerdings kaum die Müdigkeit vertreiben konnte, sammelte er die letzten Energiereserven für die kommenden Entscheidungen.

Die Karte vor ihm zeigte die letzte geortete Position der *Bismarck*, die nun mit beschädigtem

Ruder im Kreis fuhr. Das Ende der Suche und die finale Konfrontation standen bevor. Doch er unterließ sich in schwärmerische Jagdromantik zu begeben, zu schwer wog der Verlust der Hood, zu deutlich waren die Vorzeichen einer neuen, anders gearteten Kriegsführung in der sie alle keine Rolle mehr spielen sollten.

Trotz der Müdigkeit und der Anspannung, die ihn durchzogen, richtete sich Captain Edwards auf. Sein Blick verharrte auf der Karte, während er sich darauf vorbereitete, den letzten Akt dieses maritimen Schachspiels einzuleiten.

Mit der aufsteigenden Sonne enthüllte sich der neue Tag auch auf dem verfolgten Schlachtschiff. In seiner Kabine, umgeben von den Erinnerungen an vergangene Schlachten bereitete sich auch Lütjens vor. Uniformiert und mit einem Blick, der Entschlossenheit ausstrahlte, betrachtete er die Karten und Berichte und bereitete den letzten Akt vor.

Der Tag versprach die Entscheidung über das Schicksal des Schlachtschiffs und seiner Besatzung zu bringen. Der alter Admiral war stets ein kühner Stratege gewesen und so wusste er, dass es diesmal keinen Ausweg mehr gab.

Schließlich liefen die Engländer in aller Ruhe heran um den lahmenden Riesen zu Fall zu bringen. Es waren die Schlachtschiffe King George V und Rodney sowie die schweren Kreuzer Norflok und Dorsetshire. Sie hatten keine Eile.

Ein ohrenbetäubendes Donnergrollen durchzog die Luft, als die gewaltigen Geschütze der britischen Schiffe schließlich ihr tödliches Lied anstimmten. Rauchschwaden stiegen auf, während die Kanonenblitze das Morgenlicht durchzuckten. Die *Bismarck* antwortete mit donnern-

dem Geschützfeuer, die schweren Kanonen entfesselten ihre zerstörerische Kraft ein letztes
Mal. Der Atlantik bebte unter der Wucht der Salven, und die Mannschaft auf der Brücke arbeitete mit geübter Präzision, um das riesige
Schlachtschiff durch die tumultartige Schlacht
zu manövrieren.

Die Schlachtreihen der Briten verschwanden
hinter einem makbaren Schauspiel aus Feuer
und Rauch, während die Projektile durch die
Luft zischten und ihre zerstörerische Wirkung
mitten in den Reihen der deutschen Matrosen
entfalteten.

Inmitten des Spektakels standen der Admiral
und Kapitän auf dem Deck des verlorenen
Schlachtschiffs, die Augen auf die Parade der
feindlichen Schiffe gerichtet. Ihr Gesicht spiegelte Entschlossenheit wider, während man letzte
Befehle gab, die über das Grollen der Kanonen
und das Kreischen der Geschosse hinwegdran-
gen.

Die Dynamik des Schlachtgetümmels änderte
sich auch nicht mehr, als die *Bismarck* von der
verheerenden Antwort der englischen Flotte getroffen wurde. Die Geschosse trafen mit tödli-
cher Präzision, und Rauchwolken stiegen von
den getroffenen Bereichen des mächtigen
Schlachtschiffs auf.

Lütjens, der zuvor Entschlossenheit ausge-
strahlt hatte, bewahrte seine Fassung, als er die
Auswirkungen der englischen Treffer beobachtete. Die Kontrolle über das Schlachtschiff geriet
ins Wanken, und die Realität ihrer Lage zeigte
sich in den beschädigten Strukturen und den
brennenden Abschnitten des imposanten
Kriegsschiffs. Rauchschwaden stiegen in den
Himmel, während das Feuer sich in rasendem

Tempo durch das Schiff fraß. Innerhalb von 90 Minuten war alles vorbei.

Die schwere Artillerie hatte bereits nach einer Stunde das Feuer aufgrund Munitionsmangel einstellen müssen. Das Selbe passierte auch mit der Mittelartillerie, die ca. 10–20 Minuten später aufhörte zu schießen. Von den Briten wurden über 600 Granaten auf die *Bismarck* abgeschossen, wobei die Kampfentfernung angeblich am Ende weniger als 3.000m betrug. Lediglich ein Treffer der *Bismarck* ist dokumentiert. Die Detonation einer 15-cm-Granate sorgte für eine Störung in der Kommunikation zwischen dem Artillerieleitstand und den vorderen Geschütztürmen der *King George V.* sodass diese zeitweise das Feuer unterbrechen musste.

Die Mannschaft der *Bismarck*, die zuvor dennoch geordnet und motiviert für den Kampf gewesen war, fand sich nun inmitten innerhalb einer Stunde in Mitten von Chaos und Verzweiflung wieder. Die Schreie der Verletzten und das Knistern der Flammen an nahezu jeder Ecke mischten sich zu einem schaurigen Abgesang, während das Schlachtschiff unweigerlich dem Untergang entgegentrieb.

Der Admiral, kämpfte darum, seine Fassung zu wahren. Die Brücke des einst mächtigen Kriegsschiffs wurde von den Flammen verschlungen, und der Himmel über dem brennenden Wrack war längst von Rauch verhangen.

Die Elemente selbst schienen sich gegen das geschundene Schlachtschiff zu verschwören, während das Inferno auf dem offenen Meer wütete. Die Wellen, bis dahin ruhige Zeugen der Seeschlachten, spielten nun die Rolle einer düsteren Kulisse für das Schauspiel des Verfalls.

Die ohrenbetäubende Stille nach der Zerstörung wurde durch das wütende Heulen von

Torpedos unterbrochen, als ein englisches Torpedo-Boot seine vernichtende Fracht auf das bereits brennende Schlachtschiff abfeuerte. Der Gnadenschuss wenn man so wollte.

Die Mannschaft, die noch immer gegen die Flammen kämpfte, musste nun auch den Angriff der Torpedos überstehen. Die Überreste des einst mächtigsten Schlachtschiffs der Welt wurden von den gewaltigen Detonationen weiter zerfetzt, und die Wellen des Ozeans trugen das Echo der Vernichtung weit über die Meere.

Lütjens und Lindemann verloren schließlich ihr Leben, als eine Salve der King George, die Kommandobrücke der *Bismarck* in Stücke riss. Ein fragliches Zeugnis der persönlichen Opferbereitschaft der Führungskräfte, die bis zum Ende an der Spitze ihres Schiffes standen.

Aus den Tiefen des Ozeans tauchte schließlich das erwartete U-Boot auf, bereit, sich dem qualmenden Wrack zu nähern.

Mit gekonnter Präzision näherte sich das Boot dem brennenden Trümmerhaufen, während die Männer die schwankende Leiter des U-Boots erklommen. Von den Überlebenden, gezeichnet von den Strapazen der Schlacht und dem Verlust ihrer Führung, wurde das Schiffstagebuch mit wichtigen Daten übergeben.

Die Mannschaft des U-Boots, die den riskanten Einsatz unternommen hatte, empfing das Buch, das nun nicht nur Aufzeichnungen über die strategischen Entscheidungen und Manöver enthielt, sondern auch entscheidende Informationen über die feindlichen Operationen und Geheimnisse.

Die Übergabe erfolgte in einer Atmosphäre von Dringlichkeit und Ernsthaftigkeit. Die

Mannschaft des sinkenden Schlachtschiffs, von Tragödie und Niederlage gezeichnet, hoffte, dass die übermittelten Informationen dazu beitragen würden, den Verlust ihres Schiffes zumindest mit einem Hauch von strategischem Erfolg zu kompensieren.

Nach der Übergabe tauchte das U-Boot wieder in die Tiefe des Ozeans ab, und die Matrosen auf dem sinkenden Schlachtschiff blieben zurück, umringt von den Flammen, sich keine Illusionen mehr machen.

Das Deck des sinkenden Schiffes war ein Labyrinth aus Trümmern, Feuer und Verwüstung, als Konrad sich inmitten des Chaos bewegte. Der beißende Gestank von Rauch und verbranntem Öl hing in der Luft, während die Wellen des Ozeans sich anschickten, die Überreste des einst mächtigen Kriegsschiffs langsam zu verschlingen.nÜberall hörte man die Schreie der Verwundeten, das Knistern der Flammen und das dumpfe Grollen der in sich zusammen sinkenden Struktur. Das Deck, war nun ein Feld der Zerstörung.

Konrad, von Erschöpfung und Verzweiflung mehr als gezeichnet, versuchte, sich zu orientieren. Die Zeit schien stillzustehen, während er versuchte, einen klaren Weg durch das Chaos zu finden, das sich um ihn herum entfaltete.

„Ganz Deutschland ist bei euch", murmelte er. So hatte es ihnen Adolf Hitler noch gestern gesagt. „Ganz Deutschland ist bei euch…"

Ein Getöse durchzog die Luft, als das sinkende Schlachtschiff sich schließlich den Fluten ergab. Um die Dinge abzukürzen, hatten die Engländer das Feuer eingestellt, während die überlebenden Deutschen begannen alle Luken zu öffnen und im Rumpf kleine Sprengladungen zündeten. Das majestätische Kriegsschiff, einst stolz und mächtig, neigte sich nun über Backbord seinem unausweichlichen Schicksal entgegen.

Die Wellen des Ozeans empfingen das massive Schiff mit offenen Armen, während es sich mit einem letzten Aufbäumen dem Meer überließ. Die Flammen, die das Schlachtschiff verzehrt hatten, erloschen, als es in die tiefen Gewässer hinabzog. Das Deck war völlig zerstört, nicht aber der massive Rumpf. Die Szenerie, die sich vor Konrad und den Überlebenden entfaltete, war geprägt von einem dramatischen aber nicht unbedingt traurigen Abschied. Das einst mächtige Schlachtschiff, Symbol der neuen deutschen Macht, wurde nun von den Wellen umarmt und verschwand im Dunkel der Ozeantiefen, wer noch lebte, der hatte Deutschland vergessen, niemand war mehr da, der bei diesen mit Öl verschmierten, blutüberströmten und natürlich todgeweihten Matrosen war. Jeder starb für sich. Einsam, allein und traurig.

Die englischen Schiffe, stumme Zeugen des Untergangs begannen sofort mit Rettungsmaßnahmen, als sich das Ende abzeichnete. Tauen wurden ausgeworfen, und Rettungsringe schossen durch die Luft, um die Überlebenden des gesunkenen Schlachtschiffs aus den kalten Gewässern zu bergen.

Männer, die dem Tod auf hoher See nur knapp entronnen waren, wurden an Bord der rettenden Schiffe gezogen. Die englischen Seeleute, trotz der vorangegangenen Feindseligkeiten, zeigten Mitgefühl und Solidarität gegenüber den Schiffbrüchigen. Eiligst brachte man Decken und heißen Kakao. Für sie war der Krieg zu Ende. Man durfte sich durchaus Hoffnungen machen den Krieg nun in englischer Gefangenschaft zu überleben. Die Rettungsaktion auf dem offenen Meer war ein Zeichen der Menschlichkeit inmitten der Wirren des Krieges. In den Wellen schwammen zig Überlebende, während die englischen Schiffe weiterhin alles daransetzten, so viele Seeleute wie möglich vor dem kalten Griff des Ozeans zu bewahren.

Trotz des verzweifelten Bemühens, die Überlebenden des gesunkenen Schlachtschiffs zu retten, traf prompt eine Warnung vor U-Booten ein und zwang die englischen Schiffe, die Rettungsaktion abrupt abzubrechen. Die drängende Gefahr unter Wasser ließ keinen Raum für Nachsicht, und die Besatzung der Rettungsschiffe musste sich schnell auf die drohende Bedrohung vorbereiten um nicht die Nächsten zu werden.

Das Kommando wurde ausgegeben, die Tauen und Rettungsringe zurückzuziehen, und die englischen Schiffe begannen, sich eilig von der Unglücksstelle zu entfernen. Das Meer, das zuvor humaner Schauplatz der Rettungsaktion gewesen war, wurde wieder zu einem unbarmherzigen und gleichwohl stummen Element. Die Entscheidung, die Rettung abzubrechen, hinterließ eine bittere Note in dieser Szenerie. Die Überlebenden, denen die Hilfe in letzter Minute verwehrt blieb, waren nun wieder den unberechenbaren Kräften des Meeres ausgesetzt. Sie blieben im kalten Wasser zurück, ihre Rufe mit der Zeit verhallten, während die englischen Schiffe in aller Eile vor der unsichtbaren Gefahr davonfuhren.

Admiral Tovey hatte die Schlacht über die Funkmeldungen an Bord der Victorios verfolgt. Als er von den Inferno und den hohen Verlusten hörte zeigte er sich bestürzt. Trotz aller Vorbehalte gegen den Feind.

„Die *Bismarck* hat gegen eine riesige Übermacht einen äußerst tapferen Kampf geführt, würdig der vergangenen Tage der Kaiserlich Deutschen Marine, und ist mit wehender Flagge untergegangen."
Dies meldet Admiral Tovey nach London.

Im Londoner Bunker, dem strategischen Herz der britischen Marine, breitete sich nach dem erfolgreichen Bericht über den Untergang eine Atmosphäre der Erleichterung aus. Ein Hauch von Erleichterung und Jubel durchzog die Räume, als die Nachricht des Sieges auf dem Ozean ankam. Die Admiräle stießen mit Cherry an, Captain Edwards, der die Wichtigkeit des Moments erkannte, ließ sich zu einem flüchtigen Lächeln hinreißen.

Doch die Feier war kurz, denn die Realität des Krieges erforderte ständige Wachsamkeit. Sie kehrten schnell zu den Karten, Berichten und strategischen Überlegungen zurück, während der Jubel allmählich verebbte. Der Krieg in Europa kannte keine Pausen, und die nächsten Herausforderungen warteten bereits.

Und doch: Die schwere Metalltür des Bunkers knarrte, als sie sich langsam öffnete und einen schmalen Spalt Tageslicht hereinließ, auf die Straße hinaus trat. Die müden Augen der Menschen, die tagelang in dem engen Raum gehockt hatten, blinzelten gegen das grelle Licht. Die Anspannung der vergangenen Tage wich einem Gefühl der Befreiung.
Edwards, mit tiefen Augenringen, trat vor die Tür und sog die frische Luft tief ein. Er drehte sich zu seiner engsten Mitarbeiterin, WO Emily Hawk, um, deren blonde Haare ganz verstrub-

belt waren, ein müdes Lächeln zierte ihre Lippen.

"Wir haben es geschafft. Unsere Mission ist erfüllt", sagte der Chef mit einem Hauch von Stolz in der Stimme. Emily nickte erschöpft, doch auch in ihren Augen glänzte die Erleichterung. "Es war hart, aber es hat sich gelohnt. Was machen wir jetzt?"

Die Frage hing in der Luft, als die restlichen Mitglieder der Schicht sich nach und nach aus ihren Stühlen erhoben und sich vor der Tür um die beiden versammelten. Ein Gefühl der Leere machte sich breit, denn nach Tagen der Hingabe und Konzentration war nun plötzlich Freizeit in greifbare Nähe gerückt – und keiner wusste so recht, wie er damit umgehen sollte.

"Ich denke, es wird Zeit für ein ordentliches Frühstück. Wir haben es verdient."

Die Idee erntete zustimmende Blicke, und so begaben sie sich gemeinsam auf den Weg. Die Morgen-Sonne schien grell und London erstreckte sich vor ihnen in ihrer ganzen Pracht. Die Straßen waren gefüllt mit Menschen, die ihrem Alltag nachgingen, nichtsahnend, welch bedeutende Aufgabe unter ihren Füßen gelöst worden war.

Die kleine Gruppe machte sich auf den Weg zu einem gemütlichen Café, wo der Duft von frischem Kaffee und gebackenem Brot ihre Sinne erfüllte. Sie nahmen an einem Tisch Platz, und der Kellner reichte ihnen die Menükarten, nicht ohne sich über die Besucher, die Uhrzeit und die Fülle an Lebensmittelkarten zu wundern, die sich plötzlich auf dem Tisch auftürmte.

"Was darf es sein?" fragte er gezwungen freundlich.

Edwards lehnte sich entspannt zurück und lächelte. "Bringen Sie uns einfach von allem das Beste. Heute ist ein besonderer Tag."

Schon kurz nach dem Untergang der Bismarck betrieb die NS-Presse eine Umdeutung des katastrophal gescheiterten Unternehmens. Das Gefecht wurde und wird heutzutage noch zum heroischen Opfergang stilisiert und die Selbstversenkung mit dem Pathos des im Kampf unüberwundenen Schiffes verschleiert. Die Bismarck wurde gleichzeitig auch zum Symbol des sich der Übermacht entgegenstellenden, aber letztlich nur durch eigene Hand gefallenen mythischen Helden aufgebaut.

Die unendliche Weite des Ozeans erstreckte sich um mich herum, und die Überreste des gesunkenen Schlachtschiffs waren bald nur noch eine ferne Erinnerung an die turbulenten Ereignisse der vergangenen Tage.

Drei Tage lang fand ich mich auf diesem treibenden Stück Holz wieder, umgeben von Salzwasser und nichts als dem Himmel, meine Gedanken wanderten zwischen Hoffnung und Erschöpfung. Nur das Rauschen der Wellen und das schwindende Licht begleiteten meine einsame Fahrt auf diesem unsicheren Gefährt.

Jede Minute fühlte sich wie eine Ewigkeit an, während ich darauf wartete, dass Hilfe in Form eines rettenden Schiffes auftauchen würde. Die Sonnenstrahlen tanzten auf den sanften Wellen, und ich konnte nur darauf hoffen, dass mein Schicksal bald eine positive Wendung nehmen würde.

In meiner erschöpften Verfassung begannen Halluzinationen und Erinnerungen an die Schlacht, das Feuer und den Untergang sich zu vermischen. Doch dann, als meine Kräfte zu schwinden drohten, erschien am Horizont die Rettung.

Ein schwedisches Handelsschiff, dessen Konturen sich gegen den Himmel abzeichneten, wurde zu meiner rettenden Insel. Die Besatzung, von meiner verzweifelten Lage wohl informiert, zog mich an Bord. Das Gefühl von festem Boden unter den Füßen und die warme Fürsorge der Retter waren wie ein Geschenk des Lebens, obwohl es noch Jahre dauern sollte bevor ich auch meine Sophie wieder sehen konnte.

So endete meine Reise in diesem Krieg, und ich konnte mit einem Gefühl der Dankbarkeit auf das endlose Blau des Ozeans zurückblicken. Der Krieg mochte weiter toben, doch in diesem Moment war die Menschlichkeit siegreich, und ich war dankbar für die zweite Chance, die mir auf hoher See zuteil geworden war.

Ende

Ihre Zufriedenheit ist unser Ziel!

Liebe Leser, liebe Leserinnen,

hat Ihnen unser Buch gefallen? Haben Sie Anmerkungen für uns? Kritik? Bitte zögern Sie nicht, uns zu schreiben. Wir werden jede Nachricht persönlich lesen und beantworten.

Schreiben Sie uns: info@ek2-publishing.com

Wussten Sie schon, dass Sie uns dabei unterstützen können, deutsche Militärliteratur sichtbarer zu machen? Bitte nehmen Sie sich einen Moment Zeit und bewerten Sie dieses Buch online. Viele positive Rezensionen führen dazu, dass das Buch mehr Menschen angezeigt wird.

Sie können somit mit wenigen Minuten Zeitaufwand unserem kleinen Familienunternehmen einen großen Gefallen tun. Vielen Dank für Ihre Unterstützung!

PS: In seltenen Fällen kommt ein Buch beschädigt beim Kunden an. Bitte zögern Sie in diesem Fall nicht, uns zu kontaktieren. Selbstverständlich ersetzen wir Ihnen das Buch kostenlos.

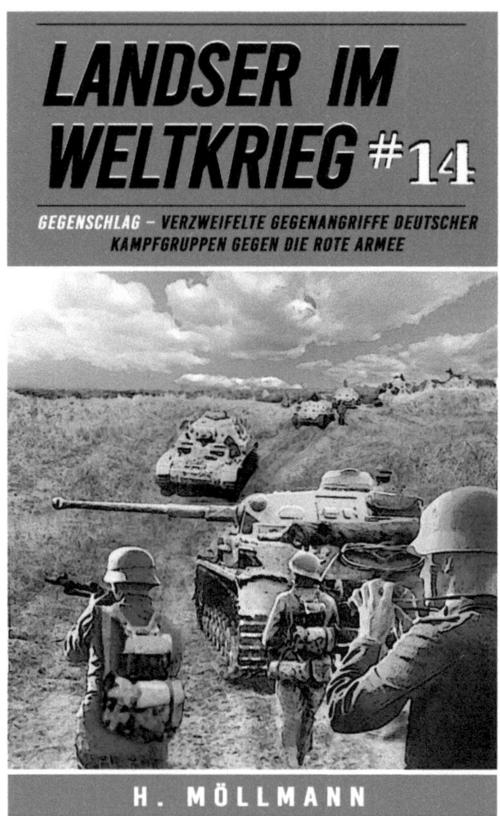

Landser im Weltkrieg – **„Gegenschlag"** erscheint im Monat Mail als E-Book und Taschenbuch überall, wo es Bücher gibt!

Franz Florentin hielt die P 38 mit beiden Händen. Gebückt schlich er durch den Schützengraben. Der, die Landschaft peitschende Wind erfasste und verwirbelte den Bodennebel, welcher über die Grabenränder quoll. Florentin kam sich vor wie in die Fantasiewelt eines utopischen Romans versetzt. Nebelwölkchen umwehten ihn, die Wiese jenseits des Grabens lag verborgen unter einem weißen Schleier. Gleiches galt für die russischen Leiber, die bald jeden Quadratmeter im Niemandsland zwischen den beiden Kriegsparteien bedeckten. Die Sowjets hatten ganze Bataillone gegen die dünne deutsche Abwehrlinie ins Feld geschickt. Ein paar 100 Mann, viele verwundet oder krank, hatten mit nicht viel mehr als Repetierern und Pistolen Angriff um Angriff abgeschlagen. Würden die Russen nicht stumpf gegen die deutschen Stellungen anrennen, würden sie Stoßtrupps vorschicken und diese durch gezieltes Feuer decken, auch die dritte Abwehrlinie wäre längst gefallen und die Russen wären noch weiter vorgestoßen. So aber ertönte ein Pfiff, daraufhin setzte sich der nächste für einen Angriff vorgesehenen Verband in Marsch und rannte unter den wütenden Rufen des Kommissars in das deutsche Feuer hinein. Das Kalkül der roten Truppführer musste darauf abzielen, dass den Verteidigern irgendwann die Munition zur Neige gehen würde. Und tatsächlich, dieser Augenblick stand kurz bevor. Die Russen zwangen der deutschen Seite einen Abnutzungskrieg Marke Verdun, Marke Falkenhayn auf. Und sie waren mit ihrem viele Millionen Soldaten zählenden Heer imstande, einen solchen Abnutzungskrieg zu überstehen. Die sowjetischen Soldaten stachen ihre deutschen Pendants zahlenmäßig sieben zu eins aus.

Keine Neuerscheinung verpassen und gratis E-Book sichern!

Tragen Sie sich in den Newsletter von EK-2 Militär ein, um über aktuelle Angebote und Neuerscheinungen informiert zu werden und an exklusiven Leser-Aktionen teilzunehmen.

Als besonderes Dankeschön erhalten Sie kostenlos das E-Book »Die Weltenkrieg Saga« von Tom Zola. Enthalten sind alle drei Teile der Trilogie.

Link zum Newsletter:
https://ek2-publishing.aweb.page

Über unsere Homepage:
www.ek2-publishing.com

LANDSER IM WELTKRIEG

KAUFEN!

Direkt zur Serie:

Eine Veröffentlichung der EK-2 Publishing GmbH

Friedensstraße 12
47228 Duisburg
Registergericht: Duisburg
Handelsregisternummer: HRB 30321
Geschäftsführerin: Monika Münstermann

E-Mail: info@ek2-publishing.com
Homepage: www.ek2-publishing.com

Cover/Umschlag: Kayla Pelgrim
Autor: Hermann Weinhauer
Lektorat: Martina Wehr
Buchsatz: Heiko Piller

1. Auflage März 2024

Druckhinweis:

Libri Plureos GmbH

Friedensallee 273

22763 Hamburg